RICARDO
MONTEALEGRE

D1714065

LA NUEVA ERA
1800W 68th St. Suite 125
HIALEAH, FL 33014
(305) 828-0354

Feng Shui

William Spear

Feng Shui

Traducción de Piedad Macho Fernández

RobinBook

Si usted desea que le mantengamos informado
de nuestras publicaciones, sólo tiene que remi-
tirnos su nombre y dirección, indicando qué temas le interesan, y gustosamente complacere-
mos su petición.

Ediciones Robinbook
Información Bibliográfica
Aptdo. 94.085 - 08080 Barcelona

Título original: *Feng Shui Made Easy*.

© 1995, William Spear por el texto.
© 1995, Sharon Rothmann por las ilustraciones.
  Originally published in English by Thorsons, a Division of Harper Collins
  Publishers Ltd.
© 1996, Ediciones Robinbook, SL.
  Aptdo. 94.085 - 08080 Barcelona.
Diseño cubierta: Regina Richling.
Fotografía: Incolor.
ISBN: 84-7927-172-8.
Depósito legal: B-24.386-1996.
Impreso por Liberduplex, SL., Constitució, 19, 08014 Barcelona.

Quedan rigurosamente prohibidas, sin la autorización escrita de los titulares del Copyright,
bajo las sanciones establecidas en las leyes, la reproducción total o parcial de esta obra por
cualquier medio o procedimiento, comprendidos la reprografía y el tratamiento informáti-
co, y la distribución de ejemplares de la misma mediante alquiler o préstamo públicos.

Impreso en España - *Printed in Spain*

Ricardo Montealegre

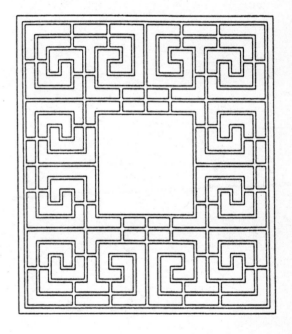

Este libro está dedicado a mi padre, con amor, y a los millones de hombres y mujeres que han dedicado sus vidas al cuidado de la Madre Tierra, con gratitud.

Agradecimientos

Es un honor expresar aquí mi profunda apreciación y sincero agradecimiento a todas las personas que han hecho que este libro sea posible.

El acopio del material para este libro empezó en realidad mucho antes de que supiera que iba a escribirlo, incluso antes de mi interés en el feng shui y el extraordinario conjunto de conocimientos que lo rodean. Como muchos otros jóvenes, yo no me daba cuenta de lo mucho que me influiría más tarde la fascinación que sobre mi padre ejercía un tema en particular. Ahora, como persona adulta con hijos propios, todavía puedo recordar el brillo de sus ojos cuando trabajábamos juntos en los cuadrados mágicos. Esto ha tenido una influencia muy duradera sobre mí. Este libro se lo dedico a él.

Muchos buenos amigos, profesores y colegas me han influido, en especial desde los años setenta, cuando fui por primera vez a Europa. Cada uno de ellos ha contribuido de manera única a mi comprensión de la vida, la filosofía, la historia, la arquitectura, la geomancia, el diseño y la curación. Jens Bloch, en Copenhague, me enseño que la vida es verdaderamente mágica; John Sunderland, un arquitecto australiano, me inspiró con su propia odisea personal más de lo que él se imaginará nunca. En mi memoria permanecen también innumerables amigos, demasiados para mencionarlos a todos, cuando recuerdo los años que pasé en Cincinnati, Ohio. A todos ellos les doy las gracias.

Michio y Aveline Kushi no tienen parangón como profesores cuyas vidas y denodados esfuerzos en favor de tanta gente tienen infinito valor. Les estoy muy agradecido por su apoyo y amistad durante más de veinticinco años. Michael Rossoff y Jean Sloane me abrieron su corazón y sus casas, proporcionándome constante apoyo y ánimo en mi desarrollo. A ambos les ofrezco mi más sincera gratitud. Takashi Yoshikawa me ayudó a profundizar en la comprensión de muchas cosas y continúa siendo todavía una fuente inestimable de sabiduría. Carol Anthony, a quien nunca he llegado a conocer, sigue siendo mi maestra en el estudio de la adivinación y la meditación. Sus estudios sobre el I Ching se encuentran entre los más claros y profundos.

En mi labor como profesor de feng shui y asesor para clientes privados, me he encontrado con muchas personas que me han ayudado. El personal y los voluntarios de la Fundación para la Salud Pública en Londres, el Instituto Macrobiótico Internacional en Suiza y la Escuela de Macrobiótica australiana, y en especial Roger Green, su director, han sido enormemente generosos al apoyar mis esfuerzos. Todos ellos, y los cientos de estudiantes que han asistido a mis seminarios, han sido una fuente de inspiración para mí. Malca Narol me ayudó a organizar el esbozo del proyecto original de este libro, y Ron Rosenthal me impulsó a salir de mis dudas iniciales sobre todo el conjunto. Les doy las gracias a los dos por su ayuda.

La ayuda de Erica Smith, de Harper Collins de Londres, fue fundamental para simplificar la materia; Lisa Bach, de Harper Collins de San Francisco nos trajo auténtico entusiasmo cuando se unió al proyecto; Virginia Rich hizo los cambios de edición necesarios y sin los cuales este libro no hubiera podido leerse; y Rosana Francescato fue de gran ayuda en la organización del manuscrito final y los cambios de última hora. Sharon Rothman realizó para mí muchas más ilustraciones de las que aparecen aquí; ahora adornan las paredes de mi despacho como recuerdo constante de la diversión que nos proporcionaron los casos relatados en el libro. Elaine Colvocoresses y Maryann O'Hara, mis asistentes en la consulta, trabajaron siempre como profesionales extraordinarias y esforzado equipo. A todos ellos les doy las gracias por sus personales contribuciones al proyecto.

Gina Lazenby, amiga, colega y mi asistente en Londres, me ha brindado su apoyo incondicional y su esfuerzo para dar a este tema la atención que merece. Le agradezco de corazón su dedicación. Mis estudiantes del Programa Educativo Profesional de feng shui en todo el mundo han cuestionado cada una de mis palabras, exigiendo mi esfuerzo constante en su búsqueda de claridad. Cada uno de ellos me ha dado mucho más de lo que cree. Les doy las gracias a todos por compartir conmigo sus experiencias y sus comentarios. Ya en mi casa y en mi corazón, agradezco a mi madre, Martha Ringel, su apoyo y sus correcciones a mi manuscrito. ¡Habría sido una excelente editora! Mi hermana, Patricia Lemer, aportó valiosas sugerencias después de leer mi escritos, mejorando la claridad en la organización de todo el texto. He tenido su apoyo en todo momento, por el cual me siento bendecido. El lector debe saber que las contribuciones de todas las personas que aquí he nombrado y otras que también me han ayudado a escribir este libro e inadvertidamente he podido omitir han ido siempre hacia la claridad, la corrección del estilo y la contextualización. Cualquier incorrección o falta de claridad debe atribuirse exclusivamente a mí.

También ofrezco mi más sincero agradecimiento y amor a mi increíble familia. Jonah, Joshua y Micah me han visto entrar y salir a toda hora mientras trabajaba, viajaba y escribía. Me sentí aliviado cuando el libro se terminó, en especial cuando Joshua me preguntó una noche entre varios seminarios en Europa y California si había venido de visita o estaba allí para quedarme. Y a mi mujer, Joan, mi eterno amor por todo lo que me ha dado y continúa dándome a través de su constante apoyo, ánimo y dedicación.

William Spear
Litchfield, Connecticut

Introducción

Durante la Segunda Guerra Mundial mi padre trabajaba de criptoanalista en la ciudad de Washington D. C., donde él y sus compañeros del ejército trabajaban decodificando mensajes que se habían interceptado al enemigo. Los ordenadores Univac, del tamaño de una casa, todavía no habían desplazado a la mente humana. Mi padre adoraba los puzzles, los juegos de las Veinte preguntas, los crucigramas, los códigos de todo tipo y los problemas matemáticos más desafiantes.

Antes de que yo aprendiera a contar hasta diez mi padre me enseñó el modo en el que los números se alineaban mediante patrones especiales. Sentados con papel y lápiz, me enseñaba a hacer cuadrados mágicos. El juego de Tres en raya se quedó pequeño muy pronto, pero en cambio con los «patrones secretos» yo era capaz de crear cuadrados mágicos durante días y días.

Todos los números de los cuadrados tenían que estar colocados según el *patrón* de movimiento que yo había aprendido de mi padre. Nos enseñó a mi hermana y a mí la colocación espacial del todo –cómo relacionar cada una de las partes con todas las demás–. Cuando completábamos el cuadrado mágico, el patrón comenzaba a emerger. Sus columnas y sus filas estaban todas relacionadas y los principios y finales no eran casuales. Absolutamente todo se ajustaba a las «reglas». Con sólo un vistazo podíamos adivinar si había algo «fuera de sitio».

Cuando me encontraba con mensajes cifrados, tenía que considerar las reglas de la *probabilidad*. Palabras comunes como «yo» o «él» eran los puntos de partida y un buen conocimiento de las estructuras oracionales facilitaba mucho la labor de descifrar el código. Empezamos a pasarnos notas cifradas y se esperaba que yo respondiera a esas notas utilizando el mismo código, lo cual en principio no resultaba difícil.

Me había alimentado con probabilidades, integraciones y visualizaciones antes de entrar en preescolar. Al jugar con los códigos secretos habíamos aprendido la frecuencia estadística de las vocales y las consonantes en las oraciones, las posibilidades de letras dobles, la secuencia de las palabras y otros muchos trucos útiles para descifrar cualquier mensaje. Un mundo mágico –abierto sólo a aquellos que sabían el código secreto– empezaba a tomar forma.

Mi hermana y yo solíamos pasar horas enteras haciendo puzzles en la mesa baja. Los primeros tenían cincuenta piezas y mostraban a un cachorro color dorado en un cojín verde pálido. Más adelante empezamos a hacer otros, bastante más exigentes, de 250 o 500 piezas de jardines llenos de flores y jarras de judías. Cuando conseguíamos dominarlos y antes de comprar uno nuevo, dábamos la vuelta a todas las piezas y lo resolvíamos utilizando únicamente las formas como guía. En los ratos libres resolvíamos con facilidad crucigramas simples, criptogramas y laberintos que encontrábamos en las revistas infantiles. Pronto nos enfrentamos a las ofertas más complejas de los periódicos locales o las páginas finales de las revistas de los domingos. Además, nuestros cuadrados mágicos crecían con rapidez y pronto llegaron a cubrir cientos de números a la vez. Conocíamos el patrón, el camino, el secreto. No hay duda de que mi padre era absolutamente inconsciente de la relación que yo establecería con todo esto años después.

En un campamento de verano, cuando tenía quince años, me encontré una copia del libro más extraño que había visto nunca. Uno de los monitores del campamento estaba leyendo un libro chino de adivinación de la fortuna –o más bien estaba hablando con él– llamado el *I Ching*. Había partes en cada capítulo que no tenían ningún sentido para mí; cosas que hablaban de granjeros que iban al mercado, la rueda de la carreta que se les rompía, el sol que empezaba a pudrir la fruta, y cosas así. Pero las *explicaciones* que seguían a cada parte me intrigaban.

«A veces, cuando empezamos a hacer algo que nos interesa de verdad, nos encontramos con dificultades al principio... es un reto para nuestra dedicación y podemos perderlo todo... la perseverancia nos hace seguir... » Siempre que podía, especialmente durante la noche, leía unas líneas de alguno de los capítulos, mientras que el resto de los chicos de mi cabina leían cómics o se peleaban con las almohadas. Algunos días incluso me escamoteaba de los partidos de fútbol y me iba a la cabina, sacaba la desgastada copia del *I Ching* de mi monitor, y leía algún capítulo más.

De repente, un día, llegó el relámpago. Abrí el libro por la introducción y lo vi: el diagrama de la base filosófica sobre la que se basaba este oráculo. Esto, decía, era el patrón de la vida misma, y el origen del *Libro del cambio*. ¡Era el cuadrado mágico!

$$4 \quad 9 \quad 2$$
$$3 \quad 5 \quad 7$$
$$8 \quad 1 \quad 6$$

¡Nueve números, colocados igual que las tres en raya que yo me pasaba horas extendiendo, prometían contener el universo entero! Era una manera de pensar y ver tan completa, tan simple y armoniosa que el veinticinco por ciento de la población del mundo la había utilizado para desarrollar toda una cosmología, incluyendo una teoría unificada de la medicina, la religión, la economía, la ciencia y el arte, y que había durado miles de años. Éste sí era el verdadero libro mágico.

Muy pronto conseguí mi propio volumen del *I Ching* y aprendí a utilizarlo. «Donde hay una pierna corta, existe otra larga» decía el oráculo, y así no tardé mucho en ver que existían dos mundos: el del espíritu y el de la materia. De este oscuro párrafo comprendí que el materialismo tan desarrollado en el mundo occidental se ve equilibrado por la gran pobreza y la penuria económica del Oriente. Y lo que es más, la presencia de tantos sistemas religiosos altamente desarrollados en el Este estaba en equilibrio con la absoluta ausencia de una profunda apreciación del mundo invisible existente en las sociedades de Occidente.

Nada tuvo un impacto tan grande en el intercambio cultural entre China y Estados Unidos como la visita de un presidente norteamericano, Richard Nixon, a la República Popular China en 1972. Gracias a ella floreció el interés en la cultura asiática en Occidente. James Reston, un periodista ganador del premio Pulitzer, recibió tratamiento de acupuntura mientras estaba en China para curar el dolor que sufría después de una operación de emergencia en la que le extirparon el apéndice. Se encontraba allí con Henry Kissinger para organizar la inminente visita del presidente. Al recordar esa experiencia Reston escribió: «Un hospital es una institución humana y llena de vida... Como todo en China en la actualidad, se dirige hacia una combinación totalmente diferente de lo antiguo y lo nuevo». Yo recuerdo haber imaginado un intercambio creciente entre la ciencia occidental y la filosofía de tradición más antigua.

Como era lógico, después de la visita del presidente, estudiosos tanto de las ciencias como de las artes empezaron a tener acceso a textos hasta entonces ocultos de los clásicos espirituales. Comenzaron a encontrarse con facilidad traducciones de *I Ching* y del clásico de Lao-Tse sobre taoísmo, El *Tao Te Ching*. Joseph Needham publicó en 1956 un extraordinario estudio llamado *Science and Civilizacion in China* que comprimía en varios volúmenes decenas de miles de páginas y que fue incluido en la sección de referencia de mi biblioteca local.

Mientras leía atentamente el trabajo de Needham una tarde en la Universidad de Cincinnati, me encontré con un capítulo en el segundo volumen sobre la forma en la que los chinos en la antigüedad utilizaban ciertas herramientas derivadas del I Ching para localizar el lugar con mejores auspicios para construir un edificio. Según Needham, estos sabios creían que se debían tener en cuenta muchos factores cuando se decidía el lugar de una casa, pero entre ellos «la forma de las colinas y la dirección de los cursos fluviales, por ser el resultado de las influencias modeladoras de vientos y agua, son los más importantes». A este arte de la geomancia se le llamaba *feng shui*, literalmente vientos y aguas, y todavía se practicaba con frecuencia en muchas partes del Extremo Oriente. Estaba centrado en gran parte en la comprensión de la energía invisible, denominada *chi*, que permea todos los seres vivos. «La fuerza y la naturaleza de las corrientes invisibles... debería considerarse.» Y una de las herramientas que se utilizaban era un compás llamado *luo pan*, que contenía referencias a los bloques constructivos del I Ching y su colocación, un mapa llamado *bagua*. ¡Este mapa, una vez más, mostraba el patrón del cuadrado mágico!

Busqué más información y encontré copias de una gran variedad de estudios sobre geomancia y el concepto chino de la energía invisible. Di con referencias a libros con títulos como *The Golden Box of Geomancy*, *Terrestrial Conformations for Palaces and Houses*, *Kuan's Geomantic Indicator*, *The Yellow Emperor's House Siting Manual*, *Misterious Principles of the Universe*, y *Agreeable Geomantic Aphorisms*. La mayoría de estos trabajos estaban fechados en el siglo III a. de C.

Después de abandonar la universidad en 1971, fui a vivir a Europa, donde pronto me convertí en un serio estudiante del Principio Unificador, el I Ching, y el feng shui. Al conocer a un grupo de profesores asiáticos que habían comenzado sus estudios en Tokio con el filósofo japonés Georges Ohsawa, mi atención se desvió hacia cuestiones de alimentación y salud y me convertí en seguidor de un modo de vida denominado macrobiótica.

A mitad de la década de los ochenta ya estaba dando conferencias sobre el Ki de las Nueve Estrellas, el memorable sistema de astrología desarrollado a partir del I Ching y que conocí por primera vez años atrás a través de Michio Kushi. Diseñé las oficinas y los centros educacionales donde me ofrecían impartir clases siguiendo enteramente los principios del feng shui. Los que nos visitaban siempre tenían comentarios positivos cuando entraban; era verdaderamente un espacio admirable, diseñado con forma octogonal y con elementos mágicos y armónicos que nadie podría describir con palabras.

Empecé a ofrecer mis ideas sobre diseño, basadas en mis estudios y mi comprensión intuitiva del feng shui y el Principio Unificador, a personas que querían montar tiendas, oficinas, casas o apartamentos. Pronto apareció una mesa de dibujo en la esquina de mi despacho y el papel de dibujo se hizo evidente por todas partes. La serie de cursos que di sobre el I Ching y el Ki de las Nueve Estrellas fueron muy bien recibidos y comencé a organizar seminarios en el Reino Unido, en la Europa continental y en Canadá, además de desarrollar una serie de seminarios en Estados Unidos.

En el mismo sanatorio holista en el que yo había impartido mis seminarios el año anterior, ofrecía un seminario el profesor Yun Lin, un seguidor del feng shui de la secta tántrica de los Sombreros Negros del Budismo tibetano. Presencié asombrado cómo los estudiantes de feng shui abandonaban completamente su sentido de la estética para hacer diseños con motivos orientales que frecuentemente aparecían en los seminarios de Yun Lin. Durante mis consultas en Nueva York o en Londres me encontré con un número de casos en los que las «curaciones» que se emplearon para corregir los desequilibrios en el diseño entraban en conflicto directo con la cultura y el ambiente de los ocupantes. En apartamentos decorados con muebles modernos italianos se colgaban pequeñas campanillas de viento hechas de latón; flautas de bambú en ángulos de cuarenta y cinco grados bajo sólidas vigas de madera al lado de mesas de estilo Chippendale; artefactos del barrio chino comprados por menos de diez dólares colgados en la pared al lado de cuadros de los maestros flamencos que valían millones; espejos mágicos, telas rojas, sobres y cajas colocadas cuidadosamente bajo las camas para atraer dinero y mejorar la salud. ¡No es de extrañar que la gente estuviera confundida y no se sintiera en absoluto atraída por lo que se publicaba sobre el feng shui!

Había algo extraño en el modo en que se estaban interpretando las cosas. Los estudiantes de Mishio Kushi dejaban a un lado muchas veces su sentido común y ponían en práctica algo muy diferente de lo que Kushi en realidad defendía. Atrapados en su propio dogma, los estudiantes de macrobiótica, al igual que los seguidores de los seminarios de feng shui que yo observé, también se metían pronto en problemas. Para mí estaba muy claro que los principios en los que se basaban tanto la macrobiótica como el feng shui no eran específicos de las culturas del Extremo Oriente. Yo me había encontrado con muchos otros estudios sobre geomancia, diseño arquitectónico, medicina y salud en Asia, África, el norte de Europa y Sudamérica que no nombraban ni el feng shui ni la macrobiótica pero que eran exactamente lo mismo. A pesar de que estas disciplinas ofrecían los mismos principios básicos derivados de una cosmología holística, en el Occidente simplemente no se reconocían.

Empecé a tener clientes muy conocidos en el mundo de la empresa, del espectáculo o del arte. Mi exploración del budismo tibetano me reveló más datos sobre el origen del feng shui y su utilización en los ambientes donde la gente estaba muriendo. Seguí un curso intensivo en el Centro Elisabeth Kübler-Ross en Virginia y con él extendí el campo de mi práctica para incluir el cuidado espiritual de los moribundos. El mundo de la «fuerza vital» o *chi* se convirtió en una experiencia muy real en mi vida a la vez que contemplaba a mucha gente abandonar este mundo.

En los últimos años de la década de los ochenta amplié mis seminarios en incluí una «visión ampliada» de la vida –la verdadera definición de macrobiótica–, y en ella el estudio de los seres humanos y su entorno, sus casas y los espacios donde vivían y trabajaban. A pesar de haber leído sobre el feng shui, la mayoría de los estudiantes de mis seminarios en realidad no comprendían cómo podían cambiar su entorno y sus vidas.

Empezaron a seguir mis consejos muchos tipos de gente: floristas, banqueros, dueños de tiendas, abogados, consultores, agentes inmobiliarios, actores, granjeros, arquitectos y diseñadores de interior. Mi capacidad se veía retada constantemente por grandes proyectos que iban desde el diseño de las oficinas centrales de un banco de ámbito internacional hasta el de una plaza mayor de una ciudad centroeuropea, lo cual iba más allá de las campanillas de viento y las flautas de bambú. Parecía que lo que yo ofrecía funcionaba porque aparecían nuevos clientes constantemente.

Mientras continuaba ofreciendo seminarios durante los años posteriores, algo se me hacía cada vez más claro: estos principios funcionan. Cientos de cartas de estudiantes eran la prueba del éxito que habían tenido haciendo cambios que habían aprendido en los seminarios de fin de semana. Eran comunes las historias de mejoras en las relaciones, hijos sanos y trabajos nuevos. En el buzón aparecían algo más que unos cuantos milagros y los estudiantes de los cursos intermedios defendían ante extraños sus propias historias de transformación. La gente se acercaba a mí en los descansos y después de las conferencias susurrándome al oído las más extraordinarias historias de los cambios que se habían producido en sus vidas después de los cursos. La mayoría preguntaban cuándo escribiría un libro.

Feng shui se fraguó después de una vida de resolver puzzles. Dentro de mí estaba el hacer más accesibles y más fácilmente comprensibles las cosas más complicadas; el transformar las filosofías y los conceptos en métodos prácticos me fascinaba desde que era niño. Este libro será como un asesor de feng shui que llega a su casa. Sin embargo *Feng shui* le dirá algo más que la forma de reordenar el mobiliario de su casa; le dirá cómo cambiar su vida, y eso es de lo que trata el feng shui en realidad. Es un extraordinario sistema de autodesarrollo y una herramienta práctica para mejorar los negocios y las relaciones. Todo lo que necesita es practicar: la energía fluye por sí misma.

No hay nada nuevo bajo el sol, y este libro no es una excepción. Yo simplemente trato de presentar la información de forma clara y con algunas reflexiones personales. He «reorganizado» este mensaje eterno, como si fuera los muebles de una habitación o el material de una mesa de despacho, para que el lector pueda empezar a comprender la totalidad en lugar de cada parte por separado. Empleo el verbo «fengshuizar» en muchas de las cosas que hago últimamente. Utilizado de esta manera el término significa «armonizar, equilibrar, organizar con un patrón natural» pero en ningún caso acarrea ninguna superstición mistificada impuesta por aquellos que no pueden comprender lo que no pueden medir y ver. Este libro de hecho «fengshuiza» el feng shui. Este conjunto de conocimientos no es una derivación del misticismo extraída de alguna sabiduría cultural antigua; es el verdadero corazón de la comprensión de la vida e integra el sistema vital del que todos debemos depender: nuestro ambiente.

Este libro le introducirá en el mundo del feng shui intuitivo, una forma que podría denominarse con bastante precisión diseño vital. Trata en general de patrones sobre los cuales no tenemos ningún control, como el diseño de nuestro sistema solar, y en profundidad de nuestro propio microcosmos hasta llegar a las moléculas del ADN. Está conectado con el Principio Unificador, la verdadera espina dorsal de la cultura y la religión antigua. La mayoría de los libros sobre diseño y colocación enseñan al lector el qué. Este libro está pensado para añadir el cómo y el por qué y, al hacerlo, introducir un poco de magia en su vida. ¡Disfrútelo!

1. Una nueva forma de ser

Las naves vacías son las que más ruido hacen.

Proverbio del siglo XVI

Cómo leer este libro

En sus manos tiene un manual de instrucciones para crear y diseñar *espacios vivos*. La comprensión de uno de los conceptos más importantes del *feng shui* depende en gran parte de su capacidad para imaginar, si fuera necesario, que no sabe nada y observar su casa y su lugar de trabajo desde la *vaciedad*. No debería resultar difícil llegar a este estado de objetividad; todos hemos tenido momentos en los que nuestra mente estaba en blanco y estábamos completamente abiertos a cualquier posibilidad. Recuperar esta perspectiva con el propósito de mirar de nuevo nuestra casa o nuestro lugar de trabajo puede exigir algo de práctica; para algunos será fácil; para otros un auténtico reto.

Si continúa haciendo lo que siempre ha hecho –en el pasado– seguirá obteniendo –en el futuro– los mismos resultados que siempre ha obtenido. Algo debe cambiar, y con el feng shui tiene la oportunidad de empezar a relacionarse con el mundo exterior como si fuera un mero reflejo de su mente interior. En nuestro ambiente aparecen símbolos por todos lados. Para alguien que tenga práctica, nuestro espacio revela mucho más de nosotros de lo que nos gustaría. La fisonomía, o la lectura de la cara y el análisis de la caligrafía son disciplinas parecidas que se utilizan para hacer diagnósticos sobre la personalidad; pero nuestra cara y nuestra caligrafía son cosas muy difíciles de cambiar. En cambio variar la posición de una mesa o el color de una pared es mucho más fácil y tiene consecuencias mucho mayores, nos demos cuenta de ello o no.

El feng shui tiene demasiada fuerza para desdeñarlo y demasiada importancia para trivializarlo. Para sacar el máximo partido a este libro, lea y estudie en profundidad los primeros capítulos y haga los ejercicios *antes* de llevar a cabo algún cambio; explore el mundo invisible en el capítulo 2; reflexione sobre la importancia del feng shui y su potencial en el capítulo 3; establezca su lista de prioridades como se le enseña en el capítulo 4; familiarícese con el *I Ching* en el capítulo 5. ¡Es mucho más fácil de lo que parece! Invite a algunos amigos a su casa y rellene la hoja de las primeras impresiones en el capítulo 6; asegúrese de colocar correctamente la clave del feng shui, llamada *bagua*, como se detalla en el capítulo 7; observe de nuevo su casa utilizando las pautas del capítulo 8; analice su vida otra vez a través de los ojos del feng shui en el capítulo 9. Una vez hecho esto, todo lo que usted haga estará enraizado en la comprensión de la materia. Lo que ocurra cuando coloque la cura al problema será el resultado de algo que usted mismo ha creado.

Empezar

Si le interesa lo común, entonces le servirá ir a comprar en una tienda que tenga decoradores como parte del personal. Es posible que necesite que desarrollen para usted un estilo personal o que elijan las telas que, en su opinión, estén de acuerdo con el resto de los elementos de su espacio. Quizás a usted le preocupe estar «a la moda», como la pareja a la que le preocupaba que la reforma de su casa no se acabara antes de que el suelo blanco que habían elegido se pasara de moda. O quizá usted sea absolutamente insensible al diseño y no tenga ni gusto ni buen ojo para confiar en su elección de lo que puede resultar agradable –sin mencionar ni siquiera lo apropiado– sin el consejo de un profesional o un amigo con experiencia. Teniendo en cuenta la amplia gama de posibilidades que se ofrecen, usted puede sentirse abrumado por la información sobre diseño y equilibrio pero no lo suficiente para poner en práctica las teorías del feng shui sin cometer «errores».

Para empezar quizá necesite retroceder. Eliminar el desorden y simplificar su vida pueden tener importantes consecuencias. Lavar esa colcha polvorienta o tirar la vieja caja de los cinturones y los zapatos que hay en el armario del recibidor son cosas que todos debemos hacer antes de que la magia empiece a hacer efecto. Haga planes de ensuciarse un poco y sudar. ¡La limpieza de primavera acaba de empezar, aunque no sea primavera!

Busque un sitio limpio y ordenado para seguir leyendo y póngase cómodo. Incluso el viaje más largo empieza con el primer paso.

Transformación

> El mundo se mueve dejando que las cosas sigan su camino. No puede hacerlo interfiriendo en ellas.
>
> Lao-Tse, *Tao Te Ching*

Para poner en práctica esta extraordinaria filosofía es necesario que usted sea simplemente una persona que reconozca la *posibilidad*. Puede pasar cualquier cosa y no se verá limitado por su experiencia previa en el diseño, su gusto, sus creencias, su dinero o sus expectativas. Los milagros ocurren. De hecho lo que aprenderá a hacer es a salirse de su propio camino. Siempre estamos en el proceso de crear nuestra vida futura y nuestro destino: no hay nada decidido de antemano. El feng shui acepta la libertad de voluntad y le permite escribir el siguiente capítulo de su vida. Algunas personas, quizás menos pragmáticas, denominan «sueño» a la posibilidad. En ese sentido la lógica se convierte en instinto y la verdadera medida de nuestro éxito está en cualquier sitio excepto en el punto más bajo.

Es necesario que usted esté abierto. La posibilidad no existirá a menos que usted esté dispuesto a considerarla. Cuando alguien dice «Te quiero» debe recibir otra respuesta que no sea «¡Eso es imposible!». No hace falta ninguna creencia especial para vivir de esta manera; sólo una pequeña abertura donde se pueda empezar a desarrollar esta posibilidad. Muchas veces la gente que empieza a poner en práctica la teoría del feng shui no se cree lo que ocurre, pero no importa. Si, poco después de hacer cambios aparece una nueva relación o surge un trabajo, dicen a sus amigos: «¡No puedo creer que esto me esté ocurriendo!¡Estoy seguro de que habría pasado lo mismo aunque no hubiera hecho estos cambios! En realidad la cuestión no es creerse nada.

Georges Oshawa, el filósofo japonés que introdujo la macrobiótica en el mundo occidental, enseñaba el espíritu del «noncredo», que es necesario desarrollar. Él creía que podía ocurrir cualquier cosa, y de hecho ocurría, según ciertas leyes básicas del universo que tienen mucho más que ver con el mundo de lo invisible que con el de lo material. Cuando algo ocurre, lo sabrá, incluso si no cree en ello, y así empezará a darse cuenta de la diferencia.

Fijar los objetivos

La comprensión del propio ser es el propósito fundamental de la filosofía, que es la comprensión de las relaciones de los hombres, las cosas y las palabras entre sí.

Isaiah Berlin, *Conversations with Isaiah Berlin*

¿Qué quiere cambiar? Algunos de los que utilizan este libro quieren mejorar su vida, sus ingresos y sus relaciones; otros necesitan un cambio total después de pasar por una separación o una pérdida, años de dificultades y una larga racha de «mala suerte». Fijar los objetivos al principio de estos ejercicios le ayudará a conseguir ver su vida con cierta perspectiva, además de evaluar los cambios que inevitablemente se producirán más tarde.

EJERCICIO PARA FIJAR OBJETIVOS

Imagine una hoja de papel apaisada dividida en cuatro cuadrantes iguales.

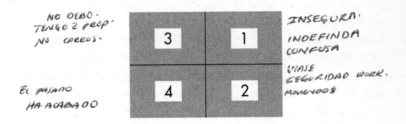

En el cuadrante superior derecho (1), escriba cuatro palabras o frases que definan con exactitud su *situación actual*. Pueden ser positivas o negativas: «en paro, enfadado con mi madre, sin dinero, atrapado en la rutina» o «reflexivo, siempre ocupado, bendecido, felizmente casado». Cualquier combinación de palabras positivas, negativas o neutras servirá. Sea breve y claro; no llene todo el espacio.

Después, en el cuadrante inferior derecho (2) escriba tres o cuatro palabras o frases que definan los objetivos que le gustaría conseguir en tres meses. Expréselas como afirmaciones: «Conseguiré un trabajo nuevo,» o «mi madre y yo resolveremos nuestras diferencias y nos ayudaremos», o «mis ingresos aumentarán gracias a nuevos contactos empresariales». *¡Fije sus propios objetivos!* Intente evitar objetivos del tipo: «Me tocará la lotería», o «me casaré con una heredera multimillonaria». (Espere a saber si de verdad quiere hacerlo.) ¡Sea razonable!

Por último, escriba tres objetivos a largo plazo –un año– en el cuadrante superior izquierdo (3). Éstos sí pueden ser algo más elevados, por ejemplo: «Empezaré una nueva carrera profesional», o «me casaré con el hombre de mis sueños». ¡Pruebe; sea un poco irracional! En el cuarto cuadrante, escriba la frase «El pasado ha acabado».

Introducir el feng shui en su vida

Además de la práctica de la geomancia, la colocación y el arreglo de las cosas en el espacio, el feng shui es también una filosofía, una forma de ver el mundo. Al principio es importante ser inquisitivo y flexible, preguntarse cómo encajan las cosas a medida que se avanza hacia la capacidad de ver el todo. No obstante, cuando se empieza a comprender es esencial *no* poner toda la vida en el feng shui. En la mayoría de los casos, hacerlo significa crear un monstruo mecánico que ve la vida como una serie de imágenes fijas y patrones predeterminados; un camino seguro hacia la arrogancia. Por extraordinaria que pueda parecerle esta filosofía, debe utilizar el feng shui en su vida sólo como punto de referencia al principio más que como único sistema operativo.

Por ejemplo, un arquitecto o un diseñador puede utilizar el feng shui *después* de haber utilizado su capacidad y su creatividad para desarrollar el trabajo. Así el creador puede volver a mirar los dibujos, como si lo hiciera a través de un nuevo par de gafas de tres dimensiones, y poner en práctica el feng shui como guía para cambiar lo necesario. No intente llegar al ideal utilizando el feng shui como base porque limitará la capacidad creativa necesaria para producir un diseño único y original.

Mucho de lo que ha llegado hasta nosotros desde las culturas antiguas se ha convertido en dogma y por lo tanto nos limita. Si se utiliza adecuadamente, el feng shui puede proporcionarnos ilimitadas posibilidades en la vida, pero cambiando y fluyendo constantemente, nunca restringiendo, siempre como guía. Al principio debe tener mucho cuidado con la tendencia a «saber» más de lo que ha podido experimentar. Observe, reflexione y cree su propia relación con el ambiente y la de éste con su vida. Pronto comprobará que nadie puede conocer su propia verdad mejor que usted mismo. Entonces el feng shui, como un buen amigo en el que confía, será una valiosa fuente de sabiduría e inspiración que le proporcionará una nueva forma de ver su vida.

La hoja de ejercicios que aparece a continuación puede utilizarse como preludio a los cambios que puede realizar en su casa o su lugar de trabajo. Después de completarla tendrá una idea más clara de las áreas de su vida que pueden cambiar utilizando el feng shui.

AUTOEVALUACIÓN

En cada una de las nueve secciones, lea la descripción y luego, de los cuatro grupos de respuestas que aparecen, elija la que más se aproxime a su situación actual. Las respuestas pueden no ser exactamente iguales a las suyas. Para señalar su elección haga un círculo en la letra elegida de cada área en la hoja de respuestas que se proporciona después de este ejercicio.

El viaje

1. ¿Cómo se siente con el trabajo que realiza en la actualidad? ¿Está trabajando en el campo que quiere? Se siente realizado en su trabajo y reconocido por la gente que le rodea en relación con él? ¿Está considerando un cambio de profesión? Todas estas preguntas están relacionadas con el área de su vida que el feng shui denomina *Agua*.

El Agua está muy relacionada con su camino, su viaje, el fluir de la vida o *tao*. Es como si estuviera navegando en un barco a lo largo de los años. No se refiere únicamente al trabajo actual: es posible que usted aspire a ser un artista consagrado pero de momento trabaje como administrativo hasta que llegue su primera oportunidad. Tampoco se refiere al sueldo como medida del éxito laboral. Esta pregunta intenta evaluar su posición en el río de la vida –si se siente seguro en el barco en el que navega, si avanza con la corriente o contra ella o bien si choca contra las rocas o las consigue esquivar.

30

A. La vida fluye muy bien. Estoy siguiendo el camino correcto. Estoy haciendo el trabajo que quiero. Me siento reconocido por mis compañeros de trabajo. Estoy satisfecho con el trabajo que realizo. Me siento productivo. Tengo un buen trabajo. Me siento afortunado por hacer lo que quiero de verdad y disfrutar con ello. ¡Me siento como si navegara en un maravilloso transatlántico!

B. Como lo anterior pero menos.

C. Como lo siguiente pero menos.

D. Me siento como si fuera un salmón que nada contra la corriente; sí, decididamente contra corriente. No tengo trabajo. Estoy trabajando pero no en lo que quiero. Estoy pensando en cambiar por completo de carrera profesional. He enviado mi curriculum a muchos sitios pero nadie me llama. No me gusta el trabajo que hago y estoy buscando uno nuevo. No he tenido mucha suerte últimamente en el campo laboral. ¡Socorro! ¡Me ahogo!

LAS RELACIONES

2. ¿Cómo son las relaciones con sus amigos, su pareja y sus compañeros de trabajo?¿Es usted soltero y tiene una vida social activa o se siente solo y le es difícil conocer a gente? ¿Cómo va su matrimonio? ¿Es una relación gratificante? ¿Está pensando en la separación? ¿Se ha divorciado hace poco? ¿Está buscando pareja con desesperación? Estas preguntas se refieren al área de su vida denominada *Tierra*.

El significado de esta área es la receptividad, el estado ideal bajo el cual se desarrollan las relaciones. Se refiere a todas las relaciones, platónicas o profesionales, al matrimonio como relación de pareja no como estado civil. Esta pregunta analiza las relaciones en general, si van bien o si se encuentran dificultades, si existe un buen número de posibles candidatos o no hay ninguno.

A. Mi relaciones son estupendas. Recibo mucha atención por parte de mi pareja. Tengo una vida social muy activa. Mi pareja es maravillosa. Conozco gente nueva todas las semanas y me invitan a salir con ellos. Me siento como si todavía estuviera de luna de miel. El teléfono no para de sonar. Acabo de prometerme.

B. Como lo anterior pero menos.

C. Como lo siguiente pero menos.

D. Mi vida social es un desastre. Lo he probado todo para conocer a mi media naranja, pero parece que no hay nadie interesado. Siento que me han echado el mal de ojo. Estoy en proceso de separación. Acabo de llegar a la ciudad y me resulta muy difícil conocer a gente nueva; una cita siempre hay pero nunca vuelven a llamar. Creía que el celibato sería más divertido que esto. ¡Estoy pensando en meterme en un convento!

ANTEPASADOS

3. ¿Cómo definiría la relación con sus padres? ¿Tiene alguna relación significativa con un profesor, un tutor o cualquier persona mayor que usted considere parte importante en su vida? Incluso si uno o ambos padres han fallecido, ¿qué recuerdos tie-

ne hoy de su vida con ellos? Esta área de la vida está representada por el símbolo del *Trueno*. Como el profundo eco del trueno que antecede a la tormenta, esta pregunta se relaciona con la bases o las raíces que le preceden, sus antepasados, y en particular su padre y su madre. Se corresponde con nuestra preocupación por la familia, los padres, los antepasados, los profesores y todos aquellos se están por encima de nosotros, como los jefes.

A. Me llevo muy bien con mis padres. Tenía una relación muy especial con uno de mis abuelos. Mi jefe es estupendo. Tuve un tutor en la universidad con el cual todavía mantengo el contacto. Tengo muchos profesores a los que respeto profundamente. Mi padre murió hace tiempo; pero antes conseguimos resolver muchos de nuestros problemas. Estoy muy agradecido por lo que mis padres me han dado. Siento un gran respeto por mis antepasados.

B. Como lo anterior pero menos.

C. Como lo siguiente pero menos.

D. No me hablo con mis padres desde hace años. Mi abuelo era un hombre horrible; nunca me gustó. Mi jefe es cruel e insensible. Mi madre y yo discutimos constantemente. Nunca gusté a mis profesores. Normalmente no me suelo llevar bien con la gente mayor. Uno o mis dos padres nunca me quisieron. ¡Ni pregunte!

BENDICIONES DE LA FORTUNA

4. ¿Con cuánta frecuencia siente que su vida es afortunada?¿Es el dinero un verdadero problema para usted o no le

preocupa mucho su cuenta corriente? ¿Suele tener ingresos regularmente o siempre está endeudado? ¿Se siente afortunado o le parece que siempre está en una racha de mala suerte? El feng shui denomina a esta área de la vida *viento*. El viento genera una energía de bendiciones desde el mundo material, no sólo referida al dinero sino en general al sentido de la fortuna, a los buenos augurios, creando un estado favorable. El viento trae buena suerte en forma de fortuna y bendiciones desde el mundo material.

A. Me siento afortunado casi todos los días. Gano dinero y tengo un buen sueldo. La gente dice que tengo mucha suerte. El dinero no es problema para mí. Las cosas aparecen justo cuando las necesito.

B. Como lo anterior pero menos.

C. Como lo siguiente pero menos.

D. Estoy arruinado. Casi no puedo pagar el alquiler de mi casa. No tengo trabajo. Estoy bastante endeudado en estos momentos. En lo que se refiere a la suerte, estoy pasando una mala racha. Me resulta bastante difícil últimamente pagar las facturas. ¿Afortunado? ¡Más bien maldito!

UNIDAD

5. El número 5, número central, se encuentra en el medio de la escala del 1 al 9, y se refiere al área de la vida llamada *Tai Chi*. Considerado el centro del universo, el *Tai Chi* es el lugar donde el cielo y la tierra de encuentran y se separan,

creando el auténtico latido de la fuerza vital y del resto de los elementos. No existe una manera directa de evaluar esta área que no sea la suma de las partes, porque el *Tai Chi* reúne partes de cada una de las otras ocho energías. En el capítulo 9 hay un párrafo especial que trata en profundidad la significación de esta importante área.

LOS AMIGOS GENEROSOS

6.   ¿Tiene usted muchos buenos amigos o personas en las que puede confiar en momentos de crisis? ¿Se considera servicial para los demás? ¿Es generoso tanto con su dinero como con su tiempo y se ofrece como voluntario, donante o protector de un grupo menos afortunado que usted? ¿Hay muchas personas en su vida que se ofrecen para ayudarle o tiene ángeles visibles o invisibles que le protegen? Esta área de la vida está simbolizada por el *cielo* y se relaciona con la filantropía en su sentido más general.

Como dones del cielo, los actos generosos de los voluntarios, los amigos o los ángeles en nuestra vida no se pueden medir. De la misma forma nuestros esfuerzos para prestar ayuda incondicional a otras personas es una de las grandes bendiciones de la vida.

A. Soy voluntario activo en muchas organizaciones y ofrezco mi tiempo y mi dinero siempre que puedo. Tengo muchos amigos que harían cualquier cosa por mí. A veces siento que tengo un ángel de la guarda que me protege. Intento dar con generosidad a aquellos

35

que lo necesitan. Mucha gente me ha ayudado en momentos de crisis. Me asombra que, des lo que des, siempre recibes mucho más de lo que has dado.

B. Como lo anterior pero menos.

C. Como lo siguiente pero menos.

D. Cuando estoy deprimido, me siento solo. Por supuesto que me gustaría ayudar a otros pero estoy tan ocupado que casi no puedo ayudarme a mí mismo. La gente no suele pensar en mí como alguien que pueda brindar apoyo. No hay muchas personas que ofrezcan su tiempo para ayudar a mi grupo. Todos están aquí por dinero. Dar sin condiciones es imposible. Los ovnis son un invento del gobierno. Los ángeles no existen más que en los cuentos infantiles.

LA CREATIVIDAD

7. ¿Es usted creativo? ¿Tiene hijos? ¿Cómo van sus proyectos de futuro? ¿Va usted meditando sus ideas poco a poco o parece que surgen a borbotones cuando las necesita? Como padre, ¿tiene una relación rica y alegre con sus hijos o está llena de problemas y tristeza? Esta área de la vida corresponde a la imagen del *lago.*

Aquí se reúne la energía de la creatividad haciendo posibles los hijos, las ideas y los proyectos de futuro, que nacen de la profunda primavera interior que nutre nuestra vida. La alegría que sentimos y la belleza que vemos en todo lo que creamos están caracterizadas por esta energía abierta, que también lleva, como nuestros hijos, una gran profundidad de espíritu.

A. Mis hijos lo son todo para mí. Soy muy creativo. No me faltan ideas o proyectos. Los niños son geniales y, aunque no tengo ninguno, me encantan. Como artista, mi creatividad es mi vida y me siento muy afortunado por tenerla a raudales.

B. Como lo anterior pero menos.

C. Como lo siguiente pero menos.

D. Los niños deben verse pero no oírse. No he tenido una idea nueva desde hace años. Estamos teniendo problemas para tener un hijo. Puedo escribir poemas pero normalmente suelo estar bastante bloqueado. El último proyecto en el que trabajé fracasó estrepitosamente. Quiero tener hijos pero soy estéril. Mis hijos y yo no nos llevamos bien. Me siento menos creativo que un tablón de madera.

LA CONTEMPLACIÓN

8. ¿Qué relación tiene con el mundo espiritual? ¿Suele meditar, rezar o cantar salmos con regularidad? Es usted ateo, agnóstico o un devoto escéptico? Es miembro activo de una iglesia o un templo, acude con regularidad a los servicios religiosos y observa las fiestas de su comunidad? Nuestra capacidad para la paz interior se denomina montaña y se relaciona con la meditación, la contemplación y la introspección.

Esta área no se relaciona necesariamente con una religión organizada o con creencias concretas sino más bien con nuestro sentido de lo sagrado y lo espiritual en la vida, que a menudo se siente con más fuerza en la soledad de una montaña o una cueva donde podemos encontrarnos de verdad con nosotros mismos.

A. Mi vida está llena de sentido espiritual. Medito todos los días. Me encanta leer las Escrituras y los escritos de los maestros. Soy religioso de forma muy personal. He investigado mucho en este campo, he intentado ir por muchos caminos y he pasado por muchos cambios. La vida es un misterio.

B. Como lo anterior pero menos.

C. Como lo siguiente pero menos.

D. Soy muy escéptico en lo que se refiere a aquello que la ciencia no puede probar. Me gustaría meditar pero estoy demasiado ocupado. Los libros sobre religión y el mundo espiritual me aburren. Solía creer en Dios pero ahora ya no estoy tan seguro. Todo lo que hay es lo que se puede ver; el resto son creaciones para el consumo de masas. La Nueva Era es un invento publicitario. La oración no tiene ninguna importancia en mi vida. Dios está muerto. No entiendo esta área.

LA ILUMINACIÓN

9. ¿Le importa lo que la gente piense de usted? ¿Se le reconoce en su campo laboral? ¿Se siente realizado en su vida o todavía hay algo que le falta? ¿Siente que todas las respuestas a sus preguntas están dentro de usted o necesita la guía de otras personas que «saben» más? Si supiera que iba a

morir pronto, ¿cree que su vida cambiaría? Esta última área se refiere a la energía del *fuego* y se relaciona con la iluminación.

Denominada a veces Fama, inadecuadamente, esta área va más allá de la reputación o la prominencia que se tenga. Tiene que ver con la luz que brilla en el interior de la persona. Cuando llega el momento final de nuestra vida entenderemos mucho mejor el significado de esta luz porque nos acercaremos a la claridad interior que suele estar presente en la mirada de los sabios ancianos. Así, aunque los focos de los medios de comunicación puedan hacer famosa a una estrella de cine o a un político, esta luz es más iluminación interior que reconocimiento público.

A. Cada nuevo día es un milagro más. A veces me siento como en un sueño. Tengo un buen concepto de mí mismo y no vivo para complacer a los demás. Suelo estar bastante seguro de mi camino en la vida. La gente me tiene como fuente de inspiración en sus vidas. Me siento a gusto solo, aunque también me gusta tener gente alrededor. Mi buena intuición es un signo de claridad.

B. Como lo anterior pero menos.

C. Como lo siguiente pero menos.

D. Lo que los demás piensen de mí me importa mucho. Me siento confundido la mitad de las veces. Alguien me enseñará el camino. Nadie me respeta de verdad en mi trabajo. Tiene que pasar mucho tiempo hasta que yo esté cerca de la iluminación interior. La muerte es un concepto terrorífico para mí y todavía no estoy preparado; de ningún modo; todavía no, por favor. ¡Por supuesto, el Dalai Lama y yo somos buenos colegas! ¡Te engañé!

RESPUESTAS

Antes de continuar leyendo el siguiente capítulo, haga un círculo en la letra que corresponde a su respuesta.

Agua	1. A B C D
Tierra	2. A B C D
Trueno	3. A B C D
Viento	4. A B C D
Tai Chi	5. No se necesita respuesta
Cielo	6. A B C D
Lago	7. A B C D
Montaña	8. A B C D
Fuego	9. A B C D

Análisis de las prioridades

Una vez completada la hoja de respuestas le será más fácil ver las áreas de su vida que necesita mejorar mediante el feng shui. Por ejemplo, si ha señalado una D bajo *trueno*, una C bajo *lago* y A o B en las demás áreas, éstas serán las prioridades que necesita mejorar en su ambiente. El espacio que nos rodea es un reflejo de nuestro mundo interior y por lo tanto es muy probable que, cuando identifique las zonas de su casa que están regidas por el trueno y el lago, pueda ver formas de mejorarlas.

Lo que haga con esta información depende de su capacidad para empezar a relacionarse con el mundo de energía invisible que hay a su alrededor, de la misma manera que ha explorado el mundo de vibraciones y emociones en su interior. Para hacerlo le servirá de ayuda una hoja de ejercicios adicional que encontrará en el capítulo 4.

2. El lenguaje del mundo invisible

Mira, no puede verse; está más allá de la forma.
Escucha, no puede oírse; está más allá del sonido.
Cógelo, no puede asirse; es intangible.
Los tres son indefinibles;
por lo tanto forman uno solo.

Lao-Tse, Tao Te Ching

¿Qué es el feng shui?

A medida que la sociedad moderna empieza a descubrir la medicina tradicional, los investigadores científicos y médicos continúan ampliando sus conocimientos considerando el efecto del ambiente sobre la salud y el bienestar individual. En el campo del diseño y la construcción de casas se han producido cambios radicales gracias a estudios sobre elementos potencialmente tóxicos que se utilizaban en los materiales de construcción habituales. Se ha probado que la radiación que emiten los cables de alta tensión, los radares u otro tipo de fuentes pueden causar cáncer, y esto es ahora motivo serio de preocupación. Las investigaciones sobre los efectos del color y la luz en el comportamiento humano han ayudado a muchos diseñadores de interior a crear ambientes más armónicos para la casa y el lugar de trabajo.

La integración del mundo exterior en nuestro ambiente interior es la piedra angular de la mayoría de las filosofías tradicionales. La frase japonesa *Shin do fu ji* (literalmente tierra y hombre, no dos) nos recuerda la unidad de los seres humanos con la Tierra. Los indígenas de todo el planeta han comprendido siempre que no estamos separados de la Tierra, de nuestras casas o de los demás. Mediante un estudio detallado de los principios de unidad y una observación del orden perfecto y eterno del universo, el feng shui reúne los ambientes externos e internos creando viviendas equilibradas y pacíficas cuyos ocupantes pueden desarrollarse en felicidad y salud.

En Asia, en los primeros tiempos, los maestros del arte de la colocación solían dedicarse a localizar los lugares con mejores auspicios para colocar la tumba de un pariente fallecido. Después de que la familia eligiera una zona general, el maestro de feng shui, utilizando un *luo pan* o compás de adivino, señalaba el lugar perfecto entre cadenas de montañas, cerca del meandro de un río o en un valle en el que los espíritus ancestrales estuvieran el armonía con el cielo y la tierra. Allí se construía y se bendecía la tumba y la buena suerte de la familia se veía realzada por el efecto que tenía este espíritu bien cuidado sobre las generaciones futuras.

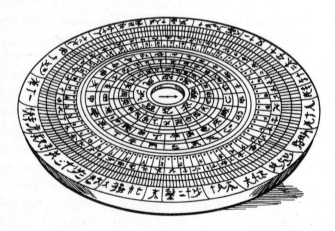

COMPÁS LUO PAN

Con el tiempo, esta utilización clásica del feng shui se amplió para incluir una detallada observación del mundo vivo y la forma en que la energía de la tierra afectaba a la vida diaria de las personas. Un buen feng shui significaba prosperidad y larga vida, una conexión consciente entre el ambiente exterior y el mundo interior. Considerado parte de la filosofía del *I Ching*, el feng shui siguió siendo una parte integral de la vida diaria hasta que las influencias occidentales y el cambio político empezaron a erosionar esta antigua y profunda apreciación por lo invisible.

El mundo de las vibraciones

La suave brisa se mueve,
en silencio, invisible.
        William Blake

Toda la materia vibra. Esta energía electromagnética invisible, denominada *chi* por los chinos, *ki* por los japoneses y *prana* o *brahmin* por los hindúes, es irradiada por objetos de todas las formas y tamaños con patrones distintivos. Los mapas detallados del *chi* del cuerpo humano revelan líneas de energía llamadas meridianos, que forman las bases de la práctica de la acupuntura y la terapia de masajes del shiatsu.

Las personas con miembros amputados tienen experiencias del llamado dolor fantasma, por el que les pica una rodilla que no existe. Incluso si ha sido amputada toda la pierna, la energía que ésta creaba todavía permanece allí. Este fenómeno puede demostrarse mediante el sistema de fotografía Kirlian. La imagen de una hoja fotografiada con una cámara Kirlian muestra la energía de la hoja irradiando desde todo su contorno. Si se corta una esquina de la hoja y se fotografía de nuevo, la nueva imagen mostrará la hoja completa, aunque ahora falte una de sus partes en el plano material.

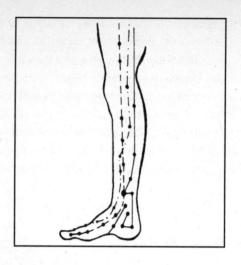

Esta energía invisible, esta vibración, fluye constantemente en todas las formas de vida. El fenómeno se ha observado en profundidad y se ha detallado cuidadosamente tanto en los siete chakras de energía estudiados por la medicina ayurvédica como en los meridianos de acupuntura señalados por la medicina tradicional china, ambos hace miles de años. La Tierra tiene meridianos similares y puntos de concentración de fuerza que incluso en tiempos recientes fueron reconocidos como lugares de gran energía y espiritualidad, y nuestros antepasados los utilizaron para erigir grandes catedrales o templos. Basta un día en Avebury, un pequeño pueblo de Gran Bretaña donde los primeros pobladores erigieron inmensos monolitos de piedra que reflejaban los movimientos del Sol y la Luna en relación con la Tierra, para convencer a los más escépticos de la importancia de esta energía. Avebury es un lugar con una fuerza increíble y una concentración intensa de energía. Ahora se están explorando este tipo de lugares en nuestro planeta y se aprecian por sus cualidades curativas potenciales. Aunque se descubrieron hace mucho tiempo, estas cualidades están totalmente olvidadas debido a la atención que ahora se presta a la tecnología y la ganancia material.

La adivinación

El compás del geomántico, la herramienta de adivinación que empleaba el maestro clásico, mostraba el patrón eterno de la espiral, que reflejaba el movimiento infinito del chi entre el cielo y la tierra.

Después de colocar los ocho o más anillos alineados con la dirección de las cadenas montañosas o los ríos, el maestro de feng shui podía detectar los bloqueos o las fuentes del chi de la misma manera que el adivino lo hace con su varita mágica o el acupuntor con el pulso. El geomante daba consejos sobre la forma y la orientación de una vivienda, la colocación de la entrada u otros detalles de su diseño, como por ejemplo, el lugar donde debían situarse los dormitorios o las cocinas para conseguir un ambiente más armónico. Se hacía primero un estudio astrológico de los ocupantes, puesto que muchas de las decisiones dependían de la ocupación de los habitantes de la casa, el uso de las habitaciones y la comprensión general de los aspectos más sutiles del mundo invisible.

El feng shui intuitivo

Aunque la práctica del arte de la colocación está muy extendida en Asia, la escuela clásica del empleo del compás del geomante es mucho menos evidente en el mundo occidental. En su lugar, el feng shui *intuitivo* se está extendiendo rápidamente entre arquitectos, diseñadores y muchos otros en el campo de las artes curativas que reconocen la relación entre el ambiente y la salud. Enraizado en una cosmología universal como la filosofía oriental, el feng shui intuitivo puede ayudarle a aprender la forma de practicar la acupuntura en el espacio. El éxito de esta práctica depende de la claridad y la comprensión del diseñador –usted– según su experiencia, no según sus conocimientos. Si hay bloqueos, los profesionales pueden abrir caminos para que fluya la energía haciendo varios ajustes, igual que en la acupuntura. Para activar o disminuir la energía, los profesionales analizan detalladamente los colores, las formas, las texturas, los patrones y los materiales, de la misma forma que se analizaría la dieta alimentaria como factor que afecta el equilibrio interno.

Esta práctica también se basa en la comprensión de la organización del espacio detallada en el *I Ching*. Si se utiliza como punto de referencia en el proceso de diseño, los arquitectos que utilizan el feng shui pueden llegar a crear estructuras extraordinariamente poderosas que sirvan de plataforma para la buena suerte de sus ocupantes. Muchos arquitectos modernos que son imitados constantemente siguen siendo los mejores en parte por la gran ventaja que les ofrecen estos conocimientos. No obstante, un edificio puede parecer similar a otro en el que se haya utilizado la teoría del feng shui, pero si éste ha sido diseñado sin haber comprendido previamente la totalidad, puede llegar a ser una pesadilla para sus ocupantes.

El feng shui intuitivo se distingue del clásico en que el profesional se centra en el instinto, en el sentimiento y en la intuición. Estas tres fuerzas, constantemente activas en todos los individuos, son la verdadera fuente de la sabiduría heredada que formó las filosofías cosmológicas de las antiguas culturas. Más que intentar analizar e interpretar complejos sistemas de energía o directrices de una cultura específica de otro lugar y otro tiempo, aquel que practica el feng shui intuitivo aprende a descubrir la sabiduría *interior*, siempre presente en él. Los cambios se basan en la claridad, el juicio y la acumulación de experiencia intuitiva, a la que todos tenemos acceso directo. Curiosamente los caracteres japoneses para la palabra *intuición* significan literalmente «capacidad original».

3. Lugares con fuerza

Un examen directo y superficial de las cosas no siempre nos permite deducir que la realidad es idéntica a la percepción.
LeComte Du Noüy, *Human destiny*

Un poco de historia

Algunos de los monumentos más extraordinarios de los primeros pobladores de la Tierra se encuentran en las ondulantes colinas de Gran Bretaña a pocas horas por carretera de Londres. Para aquellos que hayan visitado estos extraños lugares, Stonehenge, Avebury y Silbury Mound no se olvidan fácilmente, a pesar de que su significado no ha podido comprenderse todavía. Estudiosos de todo el mundo han dedicado miles de horas de investigación y estudio a desarrollar varias teorías para explicar la razón de la construcción de estos lugares y el significado que tenían para los habitantes de nuestro planeta que los diseñaron y erigieron.

Todos están de acuerdo, sin embargo, en que estos lugares están entre otros tantos de la zona colocados en una línea perfectamente recta que puede verse muy fácilmente en un mapa de la zona. No hay duda de que los hombres antiguos eran capaces de distinguir la concentración de algún tipo de energía que corría por esta zona. El hecho de que erigieran monolitos, montículos de tierra, templos o iglesias *exactamente* en esta línea no puede considerarse una mera coincidencia. La cuestión todavía sin resolver es qué querían conseguir con ello, el *porqué*.

Las fuerzas del cielo y la tierra

La energía, o chi, es el resultado de la fuerza del cielo o de la tierra. Siempre tiene un movimiento en espiral y el fácil de ver observando distintos fenómenos en el planeta desde el punto de vista de un astronauta en el espacio exterior. Además de la espiral de nuestro sistema solar, un vistazo a nuestro planeta nos revela movimientos espirales en las nubes, en los huracanes y tornados y en los océanos. En el hemisferio norte, la espiral se mueve de izquierda a derecha, esto significa por ejemplo que cuando el agua de una bañera cae por el desagüe, gira en sentido contrario a las manecillas del reloj. En cambio cuando cruzamos el Ecuador el movimiento cambia de dirección: sigue moviéndose en espiral pero esta vez gira en el mismo sentido que las agujas del reloj, de derecha a izquierda.

Si observamos con más detalle la vida en la Tierra vemos por todos lados las expresiones de este patrón en la naturaleza: los cuernos de los alces, las ramas de los árboles, la forma de las conchas, y la propia estructura de la creación. En los seres humanos este patrón aparece con el movimiento del espermatozoide y del óvulo –en espiral– y está grabado en nuestros cuerpos cientos de veces. Las huellas dactilares, el crecimiento del pelo, el recubrimiento del esófago, los tejidos nerviosos, los órganos sexuales, el tejido cardíaco. Está en todo, hasta llegar a la doble aspa que conforma la mayoría de los bloques básicos, la espiral del ADN.

Este patrón natural irrefutable, manifestado desde el espacio –la fuerza del cielo– y desde la tierra –la fuerza de la tierra– es la expresión de la energía del chi, aprovechada desde los tiempos prehistóricos mediante la construcción de monumentos como Stonehenge o Silbury Mound. La tecnología moderna nos permite ahora medir la intensidad de esta energía, y probar, al menos para los escépticos, la existencia de algo extraño en estos lugares.

Al igual que en el cercano Avebury, los hombres construyeron Silbury Mound para concentrar la *fuerza de la tierra*, y al hacerlo, atraer mayor cantidad de fuerza celestial al lugar. Los monolitos colocados siguiendo un determinado patrón, como están en Stonehenge y en Silbury Mound, actúan como imanes de la *fuerza del cielo,* acto de reconocimiento de la propia vida. Sin duda en estos lugares se celebraban festivales, rituales de nacimiento, se observaban los solsticios de verano y los equinoccios de otoño, todos ellos intensificados por la correcta colocación de los objetos para aumentar el poder del campo vibratorio.

En contraposición con la función de atracción de la fuerza del cielo que cumplían estos lugares, otros cerca de ellos se utilizaban para fines muy distintos. Longbarrows, por ejemplo, es una caverna larga en forma de túnel rodeada también de misterio para los habitantes de las ciudades modernas, que intentan entender lo que *hay* allí, en lugar de lo que *no hay*.

Longbarrows tiene una energía totalmente diferente: está diseñado y construido para aprovechar la fuerza de la tierra en su camino de subida en el mundo invisible del chi. Dentro del túnel una serie de pequeños cubículos llevan hasta un altar central en el que los antiguos habitantes de la zona podían aprovecharse de la intensa concentración de la misma fuerza que está presente cuando se acaba la vida de una persona de la Tierra. Aquí, y en otros lugares del mundo cargados con el mismo tipo de energía, nuestros antepasados se sentaban a meditar y se unían con la esencia de su verdadera naturaleza separándose con gracilidad de su forma física.

Cuando morimos, nuestro último hálito es hacia adentro y hacia arriba. Estos primeros viajeros astrales probablemente practicarían en los cubículos exteriores y cuando les llegaba la hora de salir hacia otro mundo, se colocaban en el altar central y «despegaban» sirviéndose de la concentración de fuerza que se reunía debajo de ellos.

Longbarrows no era ni un cementerio, ni un lugar de enterramiento, ni un tipo de tumba. Simplemente era un lugar donde terminaba la vida en la tierra y se abandonaba la forma física. Incluso los romanos, cuando fundaban una ciudad, construían un túnel vertical con un techo abovedado, parecido al de Longbarrows, con el propósito de poder enviar regalos a los espíritus de los fallecidos, asegurándose así la continuidad de las generaciones.

Elegir conscientemente

Aunque no estemos interesados en crear un ambiente en nuestra casa o lugar de trabajo que nos dé la posibilidad de salir del cuerpo y hacer un viaje astral, o que concentre la energía necesaria para realizar celebraciones de la vida, ha quedado claro que actividades tan claramente distintas como éstas pueden verse favorecidas por una comprensión detallada de aquellos elementos presentes en el ambiente que pueden servir para concentrar la fuerza del Cielo y la Tierra. De hecho, hay dormitorios en los que los ocupantes se quejan de insomnio, que tienen una concentración demasiado alta de la fuerza de la tierra, no porque estén situados en una de estas líneas de la tierra o encima de un montículo hecho por el hombre, sino por los colores, las formas, las texturas, los patrones y la colocación general que se ha utilizado en el lugar. Algunas oficinas, donde los trabajadores se quejan constantemente de cansancio son ambientes que se parecen más a los túmulos como resultado de diseños de arquitectura e interiorismo que inconscientemente afectan mucho al comportamiento humano.

La práctica del feng shui le permite crear ambientes adecuados para la actividad que allí se va a desarrollar. Además le capacita para corregir los desequilibrios existentes con el fin de mejorar su vida.

Usted está aquí.

Sin embargo, la comprensión necesaria para alcanzar estos resultados requiere mirar al mundo de una forma totalmente diferente –mal entendida en la cultura occidental– que se basa tanto en lo que *no hay* como en lo que *hay*. Hay mucha gente tan segura de su propia realidad, tan encerrada en ver el mundo de una cierta manera, que se hace extremadamente difícil que dejen de ver el mundo según «la norma».

La historia de la rana del pozo

Érase una vez una rana que vivía en un pozo detrás de una casa pequeña que había en un bosque. Un día, mientras la rana saltaba alrededor de su casa, llegó otra rana a la que no había visto nunca.

–¿Quién eres y de dónde vienes? –preguntó a la otra rana.

–Vengo del mar –contestó.

–¿Del mar ¿Cómo es el mar? –le preguntó la rana del pozo.

–Es muy grande –dijo la rana del mar.

–¿Grande? Cómo de grande? ¿Tan grande como, digamos, un cuarto de mi pozo?

51

–Sí –contestó con rapidez la rana del mar. Y añadió–: Incluso más grande...

–¡Ah bueno! ¿Es entonces tan grande como la mitad de mi pozo? –preguntó la rana del pozo, ahora más segura de sí misma.

–Sí, amigo mío. ¡Es incluso más grande que la mitad de tu pozo!

–¿Más grande todavía? ¡Increíble! ¿Puedes enseñarme ese sitio donde vives, ese mar que llamas hogar?

–Por supuesto –dijo la rana del mar–, pero tendrás que dejar tu pozo y venir conmigo.

–De acuerdo, ¡vamos! –dijo la rana del pozo y, saltando las piedras que rodeaban su pozo, se unió a su nuevo amigo.

La rana del mar le guió hasta la salida del pozo, dio un salto desde el borde hacia el barro y se dirigió al bosque. La rana del pozo le seguía de cerca. Al final del bosque llegaron a un claro y la rana del mar, sin dudarlo, avanzó saltando por la pradera, subió una colina y llegó a una playa de arena. Allí, al borde del agua, la rana del mar se volvió a mirar a la rana del pozo que llegaba en ese momento.

–Mira –dijo la rana del mar–, éste es el mar en el que yo vivo.

Entonces la rana del pozo vio el vasto espacio que se extendía ante ella y explotó.

Una vez que abandonamos nuestra casa (lo que conocemos) y dejamos atrás los factores limitadores (paredes, fronteras, límites) puede ocurrir cualquier cosa. Cuando usted empiece a percibir el poder del mundo invisible, también puede explotar hacia la posibilidad de un nuevo futuro.

El feng shui en el mundo de hoy

Lo que no sabemos de la vida ocupa más espacio que lo que sabemos. El mundo de la arquitectura y el diseño ha cambiado radicalmente en los últimos veinte años, debido en parte por el gran desarrollo de la tecnología, el diseño por ordenador y los avances realizados con respecto a la importancia que tiene la conservación de la energía. Acabamos de empezar a sentir las consecuencias de todo esto, identificando edificios enfermos, ambientes artificiales o de plástico y materiales tóxicos. Por fin hemos alcanzado la punta del iceberg o, lo que es lo mismo, la orilla del mar, y entramos en una era en la que somos más conscientes del impacto de ciertas energías que no somos capaces de medir.

Un diseño que respete la vida e incorpore la naturaleza es mucho más que un centro comercial provistos de rampas para sillas de ruedas y muchas plantas. El diseño vivo se siente de la misma forma que huele el pan hecho en casa: cálido, delicioso e irresistible. Quizás los diseñadores del futuro no dejen de lado el ordenador pero deberán, por necesidad, utilizar la intuición, el instinto y la creatividad mucho más para construir ambientes llenos de vida y sensibles a la gente que los ocupa. Comprender las corrientes de energía, las fuerzas del cielo y la tierra, las ondas sonoras, la luz, los objetos vivos, en incluso la salud, será mucho más importante para nuestra felicidad y nuestra existencia que la novedad, la moda o la fachada. Lo que subyace en cada espacio es la energía viva que todos sentimos. Esto es el feng shui hoy, no sólo «viento y agua» de una cultura de hace miles de años, sino la creación de espacios vivos como el aire limpio y fresco y las corrientes de agua. Unido a la majestad y la eterna presencia de la energía del planeta Tierra, el feng shui proporciona un método para armonizar los opuesto: el cielo y la tierra, el hombre y la mujer, el instinto y la inteligencia, el exterior y el interior, lo material y lo divino.

4. ¿Hay un médico en casa?

Había una vez un jorobado, que andaba por un camino torcido,
encontró una moneda doblada sobre un escalón torcido;
con ella compró un gato jorobado, que cazó un ratón jorobado,
y todos juntos vivieron en una pequeña casa torcida.

J. O. Halliwell, 1842

Diagnosis

Vivir en una casa torcida llenará su vida de cosas torcidas. La hoja de autoevaluación puede analizarse de varias formas, puesto que nuestra persona, lo que percibimos de nuestra vida y lo que nos ocurre se refleja en nuestro ambiente. Para que usted pueda tener alguna guía de adónde debe mirar en su casa, el primer paso que debe dar para poner el práctica el feng shui intuitivo es hacerse preguntas sobre su propia vida. Si todas sus respuestas fueron A, entonces no hay ninguna necesidad de ir más allá. Pero ya que todas las partes están relacionadas con el todo de la misma manera que los órganos dobles de nuestro cuerpo o las relaciones complementarias o antagonistas que surgen por todos lados en la naturaleza, si corrigiéramos sólo una parte, todo lo demás en nuestra vida se vería afectado. Una relación más cariñosa con nuestros padres aumentará las posibilidades de encontrar la felicidad con nuestra pareja; hacer lo que de verdad queremos hacer en la vida afectará a nuestro sentido del mundo invisible del espíritu. No se preocupe si sus respuestas no son todas A o ni siquiera hay alguna.

Su lista de prioridades

El siguiente paso consiste en transformar su hoja de respuestas en una lista de prioridades. Anote los números en orden descendente según sus respuestas, dejando aparte todos los que tengan una A. Imagine que su hoja de respuestas se parece a ésta:

Hoja de respuestas

Agua:	1. **A** B C D
Tierra:	2. A B C **D**
Trueno:	3. A B C **D**
Viento:	4. A B **C** D
Tai Chi:	5. No se necesita respuesta
Cielo:	6. A **B** C D
Lago:	7. **A** B C D
Montaña:	8. **A** B C D
Fuego:	9. A **B** C D

Su lista de prioridades será 2, 3, 4, 6, 9 –Tierra, Trueno, Viento, Cielo y Fuego.

Siendo positivos, esto indica que usted está haciendo lo que quiere de verdad en la vida, que va por buen camino, que tiene un buen trabajo o que está satisfecho con su camino y se ha dado una A en Agua. Además tiene una buena relación con sus hijos o se siente muy creativo, o bien no le preocupa la cuestión de los hijos y por eso ha respondido A en Lago. En cuanto al espíritu, también se siente bien, quizás hace meditación o va a la iglesia con regularidad, o bien tiene una sana percepción de los temas espirituales que hace que su respuesta en el área de la Montaña sea A.

Sin embargo, a la hora de evaluar las preguntas sobre relaciones se dio una D en Tierra, bien porque es soltero y no le gusta esa situación, o se ha separado recientemente, o bien porque tiene muchos sentimientos negativos en cuanto a relaciones, matrimonio o sociedad. En las cuestiones familiares también existen dificultades: la D en Trueno revela problemas con los padres u otras personas mayores, discusiones sin resolver con los profesores o algún otro tipo de problema con aquellos que llegaron antes que usted que todavía le preocupa. Como la Tierra y el Trueno obtuvieron una D, son los primeros en la lista de prioridades. El Viento, que obtuvo una C, lo cual revela problemas con el dinero o con la buena suerte, es el siguiente. El Cielo y el Fuego, con una B, son los últimos en la lista. Ambos revelan pequeños problemas en el campo de los amigos generosos y de la iluminación, suficientes para incluirlos en las áreas que deben cambiar, no tan importantes como las áreas que obtuvieron C o D, pero si más que los que obtuvieron A: el Agua, el Lago y la Montaña.

Este ejercicio le exige que haga ciertas distinciones en la vida y que ordene con cierto rigor las áreas que necesitan su mayor atención. La lista puede incluir toda las áreas o sólo una, el número no significa nada porque todos percibimos nuestra propia vida de forma diferente. Lo bueno es que podemos cambiar las cosas, y al detallar lo que se necesita cambiar en nuestra vida, la lista de prioridades nos ayuda a «empezar a poner orden en la casa».

¿Qué necesita arreglo?

En la lista, los números 2, 3, 4, 6 y 9 significan que las áreas simbolizadas por la energía de la Tierra, el Trueno, el Viento, el Cielo y el Fuego necesitan ciertas correcciones, mejoras o cambios en su casa. No hay duda de que no necesita que le convenzan de esto puesto que probablemente a estas alturas ya habrá buscado una pareja, habrá leído muchos libros sobre las relaciones entre padres e hijos y habrá seguido algunos seminarios sobre espiritualidad o asistido a clases de meditación. Pero en lugar de intentar solucionar estos problemas directamente, el feng shui intuitivo le enseñará a tratarlos mediante cambios en su ambiente, el espacio en el que vive.

Antes de examinar su casa y aprender a cambiarla, es importante hacer algunas reflexiones sobre cada una de las áreas de su lista de prioridades. Analice cada una de ellas en su vida e imagine cómo le gustaría que fueran, no cómo son en realidad. En todo, pero en particular en el feng shui intuitivo, la *imagen* precede a la *materia*. El mundo de las vibraciones es anterior a la materialización de las cosas físicas y por ello le será extremadamente beneficioso dejar aparte sus creencias e imaginar cómo podrían ser las cosas y empezar a considerar las *posibilidades*.

Las siguientes respuestas son sólo ejemplos de lo que usted podría decir. Deje que sean sus propias palabras las que expresen la verdad en su caso; ¡no copie frases de los ejemplos! ¡Sea positivo!¡Considere incluso la posibilidad de un *milagro*!

Completar la hoja de visualización

En la hoja de ejercicios que se adjunta, escriba primero el número y la casa en la que está trabajando, por ejemplo 2: Tierra. Después escriba algo parecido a lo siguiente:

- Me imagino a un hombre sensible que responda a mis necesidades.
- Me imagino que empiezo a aceptar las diferencias que existen entre mi pareja y yo y que me centro más en aquello en lo que nos complementamos.
- Estoy empezando a atraer a las mujeres. Empiezan a fijarse en mí y aceptan mis invitaciones para salir. ¡Tengo tantas posibilidades que no se qué hacer!

- Veo que mi pareja me perdona los asuntos del pasado que nos separaban y empezamos a crear un futuro juntos de nuevo.

Después empiece con el número 3, Trueno. Escriba algo como esto:

- Me estoy dando cuenta de que mi madre empieza a considerar mejor mis opiniones y ya no actúa como si ella fuera la que lo sabe todo.
- Mis sentimientos de ira y rencor por lo que mi abuelo nos hizo están convirtiéndose en sentimientos de perdón. Empiezo a olvidar toda la tristeza del pasado.
- Veo un cambio en mi jefe. Ya no se queja y de hecho valora lo que hago, para variar.

En el número 4, Viento, puede escribir:

- Me suben el sueldo y puedo pagar mis deudas.
- Me publican un poema en una revista de ámbito nacional.
- ¡Por fin gano algo, por primera vez en mi vida!
- Tengo un golpe de suerte ¡Me siento bendecido!
- Parece que por fin estoy en el lugar adecuado en el momento adecuado.

En el número 6, Cielo, puede escribir:

- Puedo contar con Miguel, es un verdadero amigo.
- Veo que los compañeros de trabajo empiezan a ofrecerme su ayuda en lugar de darme siempre la espalda.
- Mis vecinos y yo empezamos a ayudarnos, como debe ser.
- Reconozco que debo tener de verdad un ángel de la guarda. ¡Increíble!

En el número 9, Fuego, puede escribir:

- Ya no me preocupa lo que la gente pueda pensar de mí.
- Todas las respuestas que necesito están en mí.
- La gente empieza a aceptarme mejor y a preguntar mi opinión.
- Empiezo a entender que mi verdadero ser no muere nunca.

Su hoja de ejercicios tendrá frases que usted imagina que utilizará si su vida cambia de la forma que desea como resultado del análisis de las mismas áreas en un futuro cercano. Deben ser frases en primera persona, desde su propia perspectiva, no del tipo «Mi padre se disculpará...», sino más bien «Veo a mi padre...»

Guarde esta lista para que pueda más tarde hacer los ajustes necesarios según la teoría del feng shui. Cada área debe mejorar al menos un grado como mínimo, y algunas incluso pueden llegar a obtener una A y desaparecer de la lista.

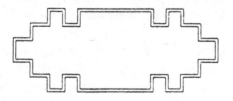

VISUALIZACIÓN

1. Agua (el viaje)

....

....

....

....

....

....

....

....

....

....

....

....

....

....

....

....

2. Tierra (las relaciones)

3. Trueno (antepasados)

....
....
....
....
....
....
....
....
....
....
....
....
....
....
....
....

4. Viento (bendiciones de la fortuna)

6. Cielo (los amigos generosos)

7. Lago (la creatividad)

8. Montaña (la contemplación)

....

....

....

....

....

....

....

....

....

....

....

....

....

....

....

9. Fuego (la iluminación)

5. Sabiduría tradicional para tiempos modernos

El *I Ching*

Entender intuitivamente el feng shui necesita muchas bases en las que sostenerse pero ninguna tan importante como el conocimiento práctico del *I Ching*. Se dice que este oráculo clásico fue escrito en la China antigua por Fu Hsi, el padre de la civilización, hace unos tres mil años. La leyenda cuenta que un día este sabio estaba meditando a orillas del río Lo en el norte de China cuando del agua emergió una tortuga. En un momento de inspiración divina, Fu Hsi se dio cuenta de que todo el universo estaba reflejado en las ordenadas marcas del caparazón de la tortuga.

Los ocho trigramas

Las formas creadas con líneas continuas y discontinuas tomadas de tres en tres reflejan el macrocosmos utilizando el microcosmos de los llamados ocho trigramas: las ocho posibles combinaciones de tres líneas continuas y discontinuas. Estas ocho formas simbolizan todos los aspectos de la naturaleza: Cielo, Tierra, Fuego, Agua, Montaña, Lago, Viento y Trueno. Y lo que es más, todas las emociones, la materia física, las cualidades espirituales, absolutamente todo, podía adscribirse a uno de los ocho trigramas. Fu Hsi vio en ello el mundo perfecto y desarrolló los diseños abstractos conocidos como el Mapa Lo de las Primeras Secuencias Celestiales. Pensando además en los nueve números cardinales, en los que el número 5 por ser el central no está representado por un trigrama específico, el patrón creado puede ser, quizás, el primer cuadrado mágico.

El *Libro del Cambio* se creó combinando estos ocho símbolos con todas las variaciones posibles y dio como resultado 64 capítulos llenos de sabiduría sobre la naturaleza del cambio. Transmitido oralmente durante miles de años hasta que se inventó la escritura, este oráculo se consideraba el eslabón más claro de la comprensión humana del lugar que nos corresponde entre el cielo y la tierra. En el año 1200 a. de C. dos pensadores de origen real, el rey Wen y el duque de Chou, ampliaron los versos e hicieron una descripción más detallada y más próxima a los textos que conservamos hoy. Además modificaron la posición de los ocho trigramas del mapa Lo y crearon una Segunda Secuencia Celestial que no reflejaba el Mundo Perfecto en su forma abstracta sino un mundo en movimiento, cambiante, con los seres humanos ocupando su centro. Quinientos años después, sabios no menos importantes como Confucio o Lao-Tse estudiaron durante toda su vida la profunda sabiduría de este texto como fuente inagotable de inspiración y guía espiritual.

Hoy existen muchas traducciones del *I Ching* publicadas, y miles de libros y artículos que van desde los estudios eruditos sobre el simbolismo cultural hasta simples guías de adivinación de la fortuna dirigidas al inversor comercial. Junto con el clásico de Lao-Tse, el *Tao Te Ching*, base de la filosofía taoísta, el *I Ching* sigue siendo un oráculo personal que no admite descripción o comparación con ninguna otra teoría histórica de conocimiento.

El orden de los trigramas en el cuadrado mágico, conocido como el Mapa Lo de la Segunda Secuencia Celestial, se utiliza en el feng shui intuitivo como punto de partida desde el cual arrancan todas las decisiones de cambios en el diseño. La «trama» o *bagua* se superpone al terreno, a la casa o a la habitación y el arquitecto la utiliza para encontrar el equilibrio en los principios básicos del diseño. Estos principios se basan en el color y la luz, en correcciones comunes de proporciones geométricas, en el ordenamiento adecuado del espacio para conseguir un flujo armónico del movimiento, y otras soluciones más esotéricas para áreas importantes del bagua que los ocupantes quieran mejorar. En el capítulo 7 se explica detalladamente qué es el bagua y cómo se utiliza. Con él podrá usted abrir la puerta de esta fuente invisible de energía.

El bagua

Analizando con más profundidad la Segunda Secuencia Celestial que forma la base del bagua, es posible ver la relación existente entre ciertos pares de trigramas tanto por su ordenamiento físico como por su simbolismo energético. El primer par «puro» es el formado por el Cielo y la Tierra, representado por tres líneas continuas ☰ el primero y tres discontinuas la segunda ☷ . Estos dos símbolos se conocen como los Opuestos Universales; después están los Opuestos Orgánicos, el Fuego ☲ y el Agua ☵ ; luego la Montaña ☶ y el Lago ☱ , denominados Opuestos Naturales o Elementales; finalmente el Viento ☴ y el Trueno ☳ , llamados Opuestos Impulsivos. Ahí están los cuatro pares, los ocho trigramas del bagua.

Opuestos Universales	Opuestos Orgánicos	Opuestos Elementales	Opuestos Impulsivos
Cielo Tierra	Fuego Agua	Montaña Lago	Viento Trueno

Es fascinante observar que la estructura de cada trigrama conlleva una cierta cualidad energética estrechamente asociada con su simbolismo. El Cielo, formado por tres líneas continuas, es la fuerza creativa, el espíritu esencial a través de lo que se manifiesta todo lo demás; la composición totalmente opuesta es la Tierra, formada por tres líneas discontinuas, que representa a la fuerza receptiva, abierta para recibir las bendiciones del Cielo, de la misma forma que la tierra se nutre del sol, la lluvia y las demás fuerzas atmosférica que la rodean. Juntos representan también lo masculino y lo femenino.

Analizando el trigrama del Fuego vemos dos líneas continuas colocadas encima y debajo de una discontinua, imitando a la imagen de una llama. Parece que la llama tiene una forma definida cuando en realidad el corazón está «vacío». El trigrama del Agua, en cambio, está formado por dos líneas discontinuas colocadas encima y debajo de una continua; aunque el

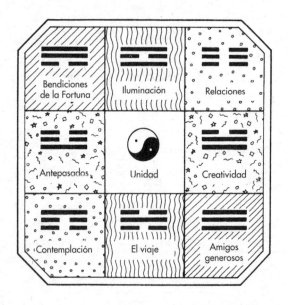

agua parece ser transparente y abierta, sí tiene masa en su centro. El trigrama de la Montaña, una línea continua sobre dos discontinuas, crea la imagen de un espacio formado en el interior de un recipiente, como una cueva en la falda de una montaña; el Lago está formado por lo contrario, abierto en la superficie pero con masa por debajo, parecido a un lago profundo. Aquí se establece la distinción entre el Agua y el Lago: mientras que el primero está abierto por ambos lados, como un camino formado por una corriente de agua, el segundo está abierto sólo por arriba y cerrado debajo, como un recipiente. El último par, los Opuestos Impulsivos, de nuevo revelan imágenes que tienen mucho que ver con sus nombres. La ruidosa base del trueno es una fuerza poderosa y sólida pero a medida que asciende se dispersa inofensivamente. El trigrama del Trueno está formado por una línea continua debajo y dos líneas discontinuas por encima. El Viento en cambio no tiene ninguna base pero lleva una tremenda fuerza por encima del suelo; su trigrama está formado por una línea discontinua debajo y discontinuas por encima.

Fu Hsi observó que había imágenes del mundo vibratorio que tenían relación con los elementos de la naturaleza. Estas asociaciones se ven reforzadas por otros símbolos que se asocian con cada trigrama. El Cielo, la fuerza creativa, apoya y nutre a todo lo que se manifiesta en la Tierra a través de los asuntos humanos. Por ello, la casa que le corresponde se denomina Amigos Generosos. La Tierra, la receptividad, representa al más grande de los principios existentes en toda unión: el de escuchar, recibir y abrazar a todo, en suma el amor incondicional. Esta casa se denomina Relaciones. Como el resto de los pares, los Opuestos Universales dependen el uno del otro y permanecen siempre conectados en el mundo vibratorio. La casa representada por el símbolo del fuego se refiere a la luz *interna* y a la claridad y por eso se denomina Iluminación. El Agua, que fluye a través del tiempo al igual que nuestras vidas, es El Viaje. El Fuego y el Agua han estado siempre relacionadas de manera obvia; en el bagua es mediante el Viaje

73

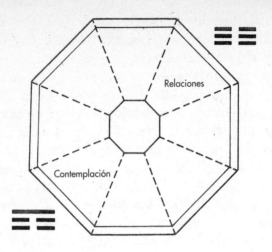

que nosotros podemos llegar a la plena realización de nuestras vidas, a la Iluminación. La cueva en la montaña es el símbolo de la meditación y la introspección silenciosa, llamada Contemplación. Está en estrecha relación con la alegre representación del mundo exterior a través de nuestros hijos y de todo lo que manifestamos a través de esta casa, denominada Creatividad. El Trueno es el eco de la voz de nuestros antepasados, nuestros superiores y por eso la casa se denomina Antepasados. El Viento es el flujo constante de la buena fortuna que nos brinda la propia vida, la casa se denomina Bendiciones de la Fortuna.

En el bagua existen relaciones físicas y vibratorias. El Cielo está relacionado con la *imagen* de la Tierra pero físicamente, a 180° en el bagua está la Montaña. Nuestra relación con los demás surge en realidad de nuestro mundo interior, de ahí la correlación que también existe entre la casa de las Relaciones y la de la Contemplación.

El Fuego y el Agua también están relacionados tanto en el mundo físico como en el de las imágenes o las vibraciones. Incluso cuando adquirimos fama o importancia y estamos cara al público, lo que más importa es lo que queremos de verdad: seguir nuestro Viaje y su conexión con la Iluminación.

La propia *vida* que nuestros padres y antepasados nos han

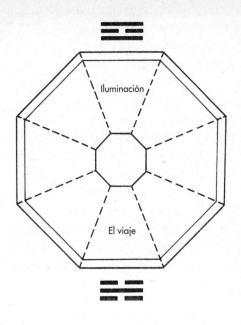

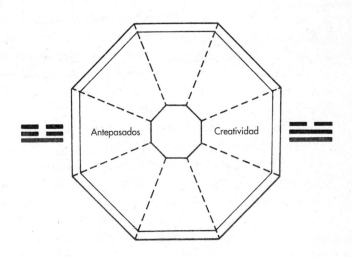

dado es la mayor de todas las bendiciones. De ahí la inseparable conexión entre la casa de los Antepasados y la de las Bendiciones de la Fortuna. Cuando nos congraciamos con nuestros mayores podemos desarrollar con mayor facilidad la expresión de nuestro propio ser a través de la creatividad y la procreación, es decir, de nuestros hijos. Las imágenes de los Antepasados y de la Creatividad están siempre conectadas en nuestra mente.

Cuando nos vemos bendecidos por la buena fortuna, el Viento se relaciona con el Cielo, ¿qué podemos hacer con todo ese dinero mejor que darlo todo y vivir como Amigos Generosos, la casa que se sitúa directamente enfrente en el bagua?

Cuando todas estas casas están equilibradas y tienen una relación poderosa a través de la polaridad de sus fuerzas físicas y vibratorias, se dice que estamos en estado de armonía, la esencia del feng shui. Esta imagen se resume en el Tai Chi, denominado Unidad, y estrechamente relacionado con la salud general de la persona. Aunque se piensa que la salud es simplemente la ausencia de enfermedades, la *verdadera* salud desde este punto de vista significa estar en buenas relaciones con cada una de las casas del bagua: hacer lo que queremos hacer en la vida (uno: el Viaje, Agua); tener relaciones importantes con compañeros o un matrimonio enriquecedor (dos: Relaciones, Tierra); sentirse agradecido y tener respeto y apreciación por nuestros padres, profesores y mayores (tres: Antepasados, Trueno); tener buena suerte y sentirnos bendecidos todos los días (cuatro: Bendiciones de la Fortuna, Viento); tener buenas relaciones con otras personas que nos apoyan y dar generosamente nuestro apoyo a aquellos que lo necesitan (seis: Amigos Generosos, Cielo); compartir nuestro propio ser con poco o ningún esfuerzo mediante una expresión propia y única (siete: Creatividad, Lago); Dejar tiempo para meditar, estar en silencio y mirar en nuestro interior para admirar el milagro de la vida (ocho: Contemplación, Montaña); y darnos cuenta de nuestra verdadera y divina naturaleza como centro de la creación (nueve: Iluminación, Fuego). La armonía de *todas* las casas del bagua produce salud (cinco: Unidad).

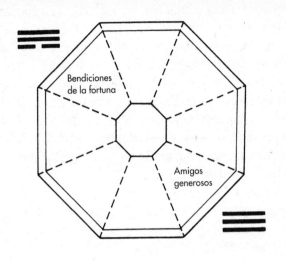

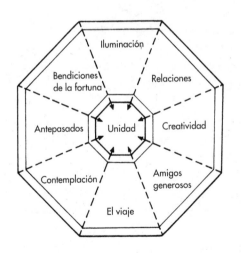

Imagínese la totalidad por un momento. Observe cómo cada casa del bagua tiene al menos otra relacionada con ella en el plano físico y en el vibratorio. Lo que ocurra en nuestra casa y en nuestro trabajo está conectado de igual forma, a través de los patrones que marcan estas poderosas asociaciones simbólicas. Que nos demos cuenta de ello o no depende enteramente de nuestra perspectiva y de la interpretación que hagamos de ello en cada ambiente. En términos de feng shui, la vida no es un conjunto casual de cosas sino una *totalidad unificada* regida por el patrón de la energía del mundo invisible, lo cual ha quedado claramente demostrado en la integridad del bagua y el mapa Lo del *I Ching*.

6. Una nueva forma de ver

Vemos mucho con la mente y sólo un poco con los ojos. El fenómeno de la visión depende de la interpretación que haga la
mente de las impresiones en la retina. Lo que vemos no es la impresión sino la interpretación que hacemos de ella.

Dr. William Bates, *El método Bates*

El cuerpo humano es como una gigantesca central eléctrica.
Nuestro sistema nervioso, altamente desarrollado e integrado
de forma única, es el ordenador más impresionante: un dis-
co duro fiable, memoria RAM con la velocidad de la luz, y
reconocimiento instantáneo de caracteres. Nuestros sentidos, cuando actúan en armonía, graban y procesan los datos
que nos permiten formar impresiones casi inmediatas de lo que
nos rodea.

De los órganos sensoriales, ninguno es tan activo como los
ojos. El sistema nervioso utiliza miles de millones de recepto-
res para procesar la información; de ellos casi dos tercios están relacionados con la vista. Cuando se busca casa, coche o a
alguien especial en la vida, una imagen verdaderamente vale
más que mil palabras. Y la primera impresión que tengamos
será probablemente la decisiva.

La forma más fácil de cambiar su vida puede residir simplemente en cambiar el lugar en el que vive y trabaja. Al igual
que nos es difícil ver nuestra propia personalidad, tampoco

nos es fácil conocer la impresión que tiene nuestra casa o nuestra oficina en otros. Ayuda mucho conseguir opiniones objetivas a la hora de evaluar el ambiente que nos rodea, así que pida a varias personas que rellenen la hoja que hay al final de este capítulo. Observe si lo que ellos realmente experimentan y ven se parece a la impresión que usted tiene de lo que cree que ven. Igual que las ardillas y los búhos que se esconden en los árboles de los juegos de «Encuentre la figura oculta», lo que parece obvio para algunos puede estar escondido para otros.

Primeras impresiones

Un cuadro maravilloso o un precioso jarrón de flores recién cortadas colocado en la entrada de su casa puede verse oscurecido por la vieja y manchada alfombra que ha dejado de lado durante años. Puede ser esta alfombra la que marque la primera impresión de sus invitados. El cómodo sillón que ha colocado delante de su mesa para recibir a los invitados puede pasar inadvertido debido a la fría escultura abstracta de mármol que hay en la esquina detrás de usted y que es inmediatamente visible para todos los que entran en su oficina. A pesar de haber intentado crear un espacio cálido, abierto y seguro para sus clientes, ha conseguido la impresión opuesta. La rígida y poderosa afirmación que crea la escultura se superpone de hecho a los aspectos más determinantes del mobiliario, haciendo que todos los que le visitan experimenten las actividades de este lugar como rígidas, impersonales y sin sensibilidad.

En un caluroso día de verano, el mero *sonido* del agua en una fuente, una bañera o una cascada nos da una impresión de frescor tan clara que en un estudio realizado en el que los entrevistados tenían que averiguar la temperatura de una habitación, en la habitación con estos sonidos el resultado fue de un promedio de ocho grados por debajo de la temperatura real en comparación con los resultados de la misma en una habitación sin sonidos.

Lo que *olemos* también tiene un profundo efecto sobre nuestro comportamiento. Según un experimento realizado con cientos de agentes inmobiliarios, el aroma de pan o galletas hechas en casa ayudará tanto a vender una casa como una mano de pintura en la puerta principal. Las lilas o los capullos de madreselva en el acceso a la puerta principal de la casa pondrán una sonrisa en los rostros de todos menos de los alérgicos. Por el contrario, el ajo, el abono o el olor a animal le pueden recordar a usted su hogar pero ante ellos la mayoría de las personas correrán a buscar aire fresco.

No obstante, lo que *vemos* es lo más importante. Los pacientes de las salas de cuidados intensivos salen del hospital antes si el cuadro que han visto todos los días en su habitación es un paisaje bonito o unos niños jugando; si lo que ven es una imagen vaga de un árbol o un montón de material médico, permanecerán hospitalizados durante más tiempo; pero los que más tiempo estarán allí son los que vean todos los días un cuadro abstracto.

Todo ello sugiere que las imágenes creadas en nuestra consciencia, vengan bien a través de la vista, del oído o bien del olfato, juegan un papel muy importante sobre lo que experimentamos del ambiente y cómo nos comportamos en él. Estas impresiones se crean en los primeros momentos de la experimentación de un ambiente y suelen permanecer indelebles gran parte del tiempo, aunque se produzcan cambios y procesemos nueva información. Las primeras impresiones ocupan más del cincuenta por ciento de la experiencia completa de un lugar.

El ejercicio que aparece a continuación puede utilizarse de dos formas distintas. Primero haga el test usted mismo, imaginando que está de visita en su casa por primera vez. Limítese a sentir las respuestas, no las piense. Después dé la hoja a cuatro o cinco amigos o parientes sin avisar. Sólo désela un día que vayan a su casa de visita y convénzales para que le sigan el juego durante unos minutos como forma de ayudarle. No hay respuestas válidas o erróneas; no pueden cometer errores, aunque algunos intentarán dar respuestas «seguras». Anímeles a responder con completa sinceridad. Después compare sus respuestas con las de la hoja que usted completó.

HOJA DE PRIMERAS IMPRESIONES

Analice sólo lo que se le pide. Señale la respuesta o anote otra respuesta posible en el espacio en blanco que hay a continuación.

Recuerde: las impresiones son sentimientos, no ideas.

1. ¿Qué es lo primero que ve cuando llega a casa?
2. Si no fuera su casa ¿qué le dirían sus primeras impresiones al acercarse a la puerta?   DEJADOS
3. ¿Cuál es el primer olor que nota en la casa? Flores, moho, humedad, perros, incienso, libros, zapatos, limpiador, comida, perfume, madera, mar, carne.
4. ¿Qué formas nota cuando entra?
    Cuadrículas, lunares, equis, líneas curvas, estrellas, dibujos florales, espirales, líneas rectas, rombos.
5. ¿Qué oye cuando entra?
    La televisión, niños, perros, música, ruidos eléctricos, gente hablando, un acuario, ruido de tráfico, la calefacción o el aire acondicionado.
6. ¿Qué nota que necesita reparación?
    El timbre estropeado, una bombilla fundida, un peldaño roto, una alfombra rasgada, un cristal (ventana) roto, cables a la vista, una puerta que abre mal, agua, una pared en mal estado, algún accesorio suelto.
7. ¿Cuál es su impresión general de la persona que vive en la casa basándose en lo que ha visto hasta ahora? Responda como si fuera la primera vez que viene y no conociera en absoluto a esa persona.

Cálida, fría, distante, seria, profesional, íntima, rica, confundida, ocupada, intensa atrevida, distraída, creativa, simple, radical, poderosa, elegante, artística, muy fría, deprimente, sana, solitaria, cansada, de mente abierta, vulgar, conservadora, alegre, de mundo, cauta, innovadora.

8. ¿Qué experimentó en el ambiente que le hizo señalar las respuestas de la pregunta anterior?

El vecindario

En algunas culturas con una religión muy ortodoxa se hace un esfuerzo intencionado por ocultar la belleza y el ambiente del interior de una casa haciendo que el exterior parezca descuidado, pobre y poco atractivo. Este modo de crear contrastes está pensado para que los vecinos no sientan envidia y para disuadir a los ladrones.

Sin embargo, en la mayoría de las comunidades el exterior refleja fielmente el interior. Un porche y una entrada llenos de juguetes tiene muchas probabilidades de reflejar lo que vamos a encontrarnos en el interior. Un césped perfectamente cortado y un jardín cuidado probablemente estará a tono con el orden de la cocina. Por lo tanto, cuando se está eligiendo un vecindario, resulta muy útil observar detenidamente las casas cercanas porque pueden decirnos mucho más de lo que creemos. La gente sana y las familias felices suelen cuidar el aspecto de su comunidad y hacen un esfuerzo por mantener su casa en buen estado. En el próximo día libre de que disponga, observe su comunidad con atención y vea quién está mejorando el valor de su casa y quién no. Si está considerando cambiar de barrio, pasee tranquilamente por la zona y eche un vistazo *detrás* de las casas de sus vecinos. Entre en las tiendas de los alrededores, compre el periódico o el pan en el supermercado del barrio y pase por la tienda de vídeo. Éstos pueden ser los lugares que más frecuente y las personas que los atienden sus contactos diarios. ¿Cómo se siente en ese barrio? ¿Qué impresiones tiene de los demás clientes de las tiendas? Esta pequeña excursión puede darle la pista de la energía del barrio mucho mejor que cualquier folleto del ayuntamiento. Es *su* primera impresión, no la de ellos.

Llegar a su casa

Las pautas de los edificios modernos dictan que la anchura de las entradas debe tener en cuenta la posibilidad de una salida de emergencia. Como resultado de esta normativa, la puerta principal es con toda probabilidad la más ancha de la casa. A menos que usted haya elegido vivir recluido, su puerta principal debe ser lo más ancha posible, invitando al mundo a entrar. La entrada debe mirar hacia una salida despejada en la que no estorben calles cercanas o edificios. Lo ideal es que no haya cables eléctricos visibles desde esta puerta. El peldaño de entrada o el umbral debe ser estable y seguro. Es mejor que la puerta esté ligeramente elevada. Si hay muchos escalones deberán ser más anchos en la base y estrecharse a medida que suben.

Las bisagras, los apliques y el marco de la puerta deben estar en perfecto estado para que la puerta no se atasque con el calor o la humedad y las bisagras no chirríen. Las casas en las que las puertas no abren bien tienen ocupantes con muchas frustraciones. Si los umbrales se mueven y las bisagras chirrían, los que viven allí se convertirán en personas nerviosas e inseguras.

Si la placa de la puerta y el pomo o la aldaba son de un metal que pueda abrillantarse, debe asegurarse de que siempre se mantiene limpio. Las puertas con apliques oxidados suelen llevar a casas en las que sus ocupantes son anticuados y viejos. Compruebe si la entrada está bien iluminada por la noche, si es posible, y que las luces están limpias y libres de telarañas, insectos muertos, hojas secas o basuras. Cuando vaya a elegir el color de la entrada, escoja uno un poco más oscuro que el resto de la casa, pero siempre que esté bien iluminado. Las entradas oscuras y las luces sucias crean confusión, cansancio y miedo.

Si comparte la entrada con un vecino, como en el caso de un bloque de pisos o un adosado, haga un esfuerzo por usted y el resto de los vecinos para que la primera impresión sea la mejor posible. Por ejemplo, los felpudos hechos de fibras duras pueden ser un sistema económico y agradable de limitar la suciedad que entre en el edificio, incluso si necesitan una limpieza regular.

Las plantas o las macetas en la puerta pueden ser también un añadido bonito. Sin embargo nada da una peor impresión al entrar en una casa que una planta seca o una maceta grande llena de hojas y colillas. Asegúrese de que lo que haya esté vivo y limpio. Si hay un pasillo hacia su puerta manténgalo limpio de suciedad y de cosas como nieve, hojas secas o hierba cortada. Las plantas con espinas, como por ejemplo los rosales, deben mantenerse bien podadas y deben plantarse alejadas del paso para que no obstruyan ni en la vista ni en el pensamiento. Rozar una planta de pinchos, aunque sólo sea en la imaginación hace que la gente retroceda y se asuste incómoda. Si se quiere bordear con plantas una entrada estrecha, deben escogerse plantas de hojas redondeadas, como la enredadera, flores pequeñas o plantas que cubran el suelo.

Los árboles no deben ponerse delante de la entrada a menos de siete u ocho metros de la casa. Si se trata de un árbol pequeño puede acerarse algo más. Pero si es muy grande debe alejarse más para no obstruir el flujo de energía hacia la casa. Un árbol que bloquee la visión de la puerta principal desde la calle también bloqueará la visión de la calle desde la casa. Esta colocación creará un exceso de energía de la Tierra sobre los ocupantes y su salud se deteriorará. En cambio, la visión de plantas perennes desde la entrada mejorará la salud y el bienestar de los ocupantes, siempre que los árboles no bloqueen la entrada. Los árboles secos o los que están muy dañados por enfermedades o por el clima deben retirarse.

Si la casa está rodeada por una cerca o un muro, éste nunca debe estar demasiado cerca de la estructura. Si hay poco sitio entre la casa y el muro se creará una sensación de confinamiento constante.

Animales domésticos y otras criaturas, reales o imaginarias

Se puede averiguar parte de la energía del vecindario observando a los animales que viven allí. Si la pajarera de los vecinos sólo atrae cuervos o la lavandería del barrio parece estar siempre llena de perros callejeros, éste no es un vecindario sano. Observe atentamente el tipo de animales, insectos –¿mariposas o mosquitos?– y otras criaturas que hay alrededor de la casa. No es difícil averiguar cuáles son más deseables –un colibrí en el jardín trasero o una mofeta en la basura. Y aunque no existen muchas posibilidades para elegir, al menos puede conocer mejor lo que hay en los alrededores y hacer los ajustes necesarios en su casa y fuera de ella para equilibrar la energía de su vida mediante el feng shui.

La voz interior

Para terminar, si quiere cambiar la primera impresión que crea su casa, hágalo siguiendo los consejos de su voz interior, no según lo que usted *cree* que es correcto sino según lo que *siente* que es correcto. Nadie le obliga a tener una puerta ancha. Es simplemente cuestión de comprender qué impresión puede causar el hecho de tener una puerta estrecha. Quizás ésa es la impresión que usted pretende crear.

Y si usted tiene pocas posibilidades de cambiar el exterior que tiene su casa ahora, no se preocupe. Rellene la hoja de primeras impresiones y continúe. La clave para dominar el feng shui es aprender a ver la totalidad.

7. Mirar al interior desde el exterior

El microscopio empieza donde termina el telescopio. ¿Cuál de
los dos tiene una visión más amplia?

Víctor Hugo, 1862

Después de haber completado las hojas de ejercicios de los capítulos anteriores, ahora es el momento de analizar cómo puede verse su casa como expresión de su vida y cómo su vida se
ve reflejada en los espacios en los que vive y trabaja.

Colocar el bagua

Cuando Fu Hsi se sentó a la orilla del río y vio la tortuga esta-
bleció el inicio de una forma muy profunda de ver el mundo.
El rey Wen y el duque de Chou introdujeron en ella la importancia de la conciencia humana y así sentaron las bases de la
colocación espacial denominada bagua.

El bagua es en realidad el mismo ordenamiento que la Segunda Secuencia Celestial del *I Ching*. Consiste en una trama o un mapa que se utiliza para nombrar y relacionar cada
área en el horizonte. Esta trama se superpone a cualquier lugar, empezando por nuestro solar, visto desde el punto de entrada, y siguiendo por la casa, cada uno de sus pisos y habitaciones, cada mesa y cada superficie horizontal, y hasta en

la superficie de la cama y la silla, para comprender la vida y el destino.

El método que se utiliza para orientar el bagua según el feng shui intuitivo se denomina La Entrada de Tres Puertas del Chi y se deriva del cuadrado mágico del *I Ching*. Para aplicar este método adecuadamente es esencial comprender con claridad cuál se considera la puerta principal. La puerta principal es la puerta de entrada, la vía por la que se introduce la energía que se dirige a la casa. Será la puerta que utilice siempre tanto usted como sus visitantes. Si es la puerta trasera, y la puerta delantera de la casa no se ha utilizado durante años, entonces esta puerta trasera debe ser considerada como la puerta principal.

Es importante que considere esta distinción con cuidado. No es necesario que utilice la puerta delantera para orientar el bagua correctamente, si esta puerta no es la de uso normal. Debe eliminarla si está bloqueada por cajas o muebles, o si no se puede acceder por ella desde el exterior. Esa puerta, que nunca se utiliza, no es la «Entrada del Chi». En cambio si la puerta delantera se usa poco porque usted prefiere entrar por la cocina o por el garaje, pero sus visitantes la utilizan a veces, entonces esta puerta delantera sí se considera la Puerta Principal. Si tiene dudas, considere que la puerta diseñada para ser la entrada principal es su puerta principal. Éste entonces será en punto del partida para que usted comprenda como superponer su solar y su casa en la trama fija del bagua.

Formas regulares

En el caso de una casa simétrica y con una forma regular, la aplicación del bagua es maleable, es decir la forma puede estirarse o encogerse siempre que el área siga siendo proporcional al original.

Utilizando las formas de las ilustraciones, es fácil ver cómo

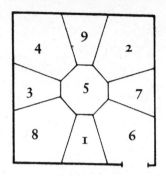

Puerta principal

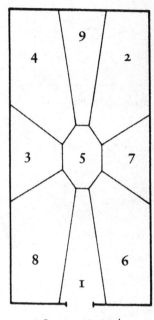

Puerta principal

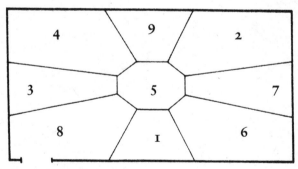

Puerta principal

BAGUAS MALEABLES

89

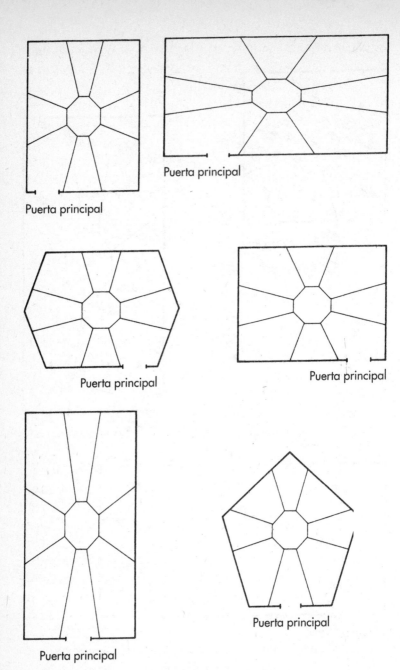

Puerta principal

Puerta principal

Puerta principal

Puerta principal

Puerta principal

Puerta principal

FORMAS SIMÉTRICAS

90

se aplica el bagua a una casa estrecha, del tipo de las casas victorianas, a una alargada, como los ranchos californianos, o a una cuadrada o rectangular, cualquiera de las formas usuales de un piso o un apartamento.

La única regla del método de La Entrada de Tres Puertas del Chi es colocar correctamente la entrada en la parte inferior de la página mirando hacia abajo. De esta forma la Puerta Principal de una casa simétrica estará siempre alineada directamente con el 8, el 1 o el 6. Los ejemplos siguientes muestran posibilidades distintas.

Formas irregulares

Cuando el espacio no es simétrico y falta una esquina o un trozo largo también puede aplicarse el bagua, aunque la puerta entre en otro número. Para alinear el bagua, coloque la puerta principal en la parte inferior de la página y superponga la planta al cuadrado mágico. Los ejemplos de los siguientes dibujos le ayudarán a alinear la casa.

Cada puerta que atravesamos crea un nuevo bagua. Si el solar tiene una entrada por una vía de acceso para coches o peatones, existe un bagua para ella; la casa colocada en el solar tiene otra entrada, la puerta principal, y por tanto otro bagua; el salón tiene su puerta principal por lo cual también tiene un bagua; y su mesa de la sala de estar tiene otra puerta principal, –el lugar donde coloca la silla para sentarse– y por tanto también aquí hay un bagua. Aunque cada una de las entradas dé paso a un plano distinto, como en el ejemplo siguiente, todas las puertas y todas las zonas tienen su sitio en la alineación correcta del bagua. Esto tiene mucha importancia puesto que cada área del bagua simboliza una parte fundamental de su vida.

Cuando empezamos a relacionar cada capa, cada bagua consecutivo, superpuesto a la casa, la habitación, la mesa de trabajo, vemos que algunas zonas de la casa tienen una mayor in-

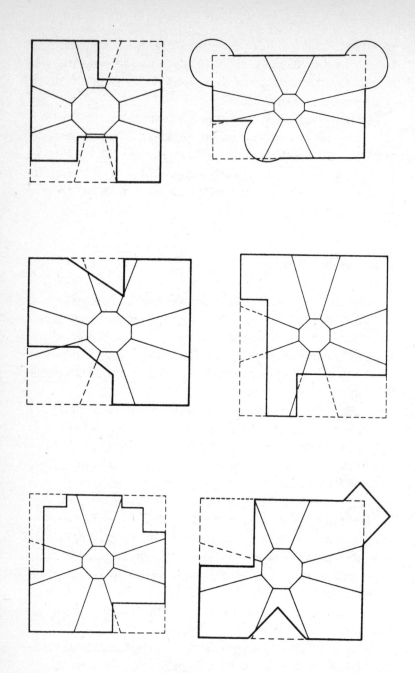

CASAS IRREGULARES

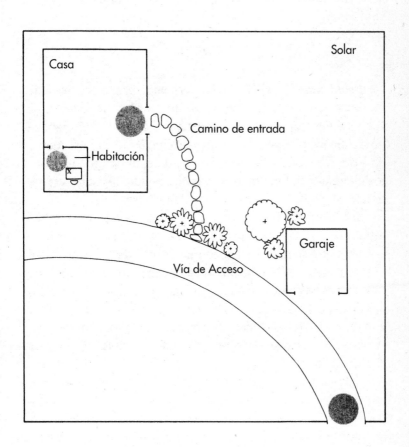

Solar

Casa

Camino de entrada

Habitación

Garaje

Vía de Acceso

tensidad de un tipo concreto de energía. La X en la ilustración anterior está en la casa 4 del bagua. Esta área está directamente relacionada con las Bendiciones de la Fortuna, denominada Riqueza en otros textos clásicos. Cuando su casa o su despacho están colocados en un área tan poderosa como ésta, es posible que pueda poner algo de magia en su práctica del feng shui *intuitivo*.

CASO

Problema: El dr. G. estaba perdiendo grandes cantidades de dinero en la Bolsa durante el último año. Además empezaba a tener tropiezos con una propiedad que le reportaba algo de dinero y cuyos inquilinos se habían ido a consecuencia de los ruidos que generaba la construcción de un edificio en los alrededores. Finalmente un proceso judicial estaba convirtiendo su situación financiera en algo catastrófico.

Solución: Después de asistir a un seminario sobre feng shui intuitivo, el dr.G. aprendió a localizar el punto de su casa y su consulta que se relacionaba en mayor medida con sus dificultades financieras. No fue una sorpresa encontrar allí montones de facturas en el área de su mesa relacionada con las Bendiciones de la Fortuna y cierto desorden en esta misma área en otras zonas de la casa. Después de arreglar estos problemas específicos, colocó ciertos elementos de realce en cada área para canalizar la energía.

Resultado: Cinco días después de resolver los problemas, se retiró la causa judicial que pesaba sobre él. Dos días después los promotores de la propiedad que estaba cerca de la suya, aquella de la que se estaban yendo los inquilinos, contactaron con él. Le ofrecieron una gran cantidad de dinero por la venta del edificio para ampliar su proyecto. Además, una empresa en la que había invertido bastante dinero en acciones se incorporó por sorpresa a una empresa mayor, lo que reportó grandes beneficios a los inversores.

8. Hogar, dulce *shui* hogar

No hay nada como el hogar, no hay nada como el hogar, no hay
nada como el hogar, no hay nada como el hogar...
Dorothy, de *El Mago de Oz*

El bagua en casa

El bagua que mayor importancia tiene es el del área en la que
pasa más tiempo. En general suele ser la casa y en particular el
dormitorio o el despacho. Si sólo duerme cinco horas al día y
trabaja diez, utilice los conocimientos de este capítulo para
cambiar su despacho y después lea el capítulo 14. Recuerde que
cuanto más aprenda sobre cómo aplicar el bagua a cada espacio distinto, mayor control tendrá sobre su vida.

Si comparte el vestíbulo de su casa con otro vecino, el bagua se coloca en el lugar donde está su puerta principal, sin incluir el vestíbulo. Si vive en el segundo piso de un edificio o
en el ático de una casa en la que viven otros vecinos, el bagua
comienza en el peldaño que está a la altura de su suelo, que
será su puerta principal, aunque no exista una puerta física.

Cuando intente colocar el bagua en cada habitación de su
casa no es necesario tener una puerta real. Algunas zonas de
oficinas o de comedor, o bien algunas salas de estar en una
casa estás divididas sólo por una planta o un mostrador y un

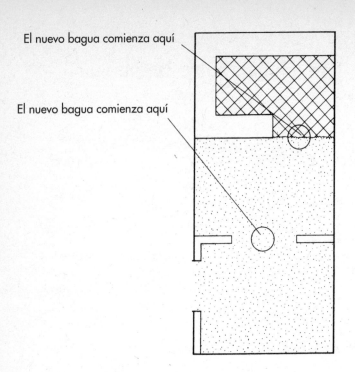

El nuevo bagua comienza aquí

El nuevo bagua comienza aquí

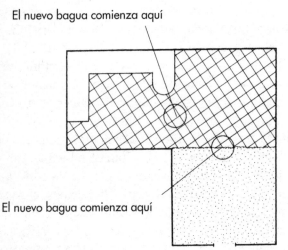

El nuevo bagua comienza aquí

El nuevo bagua comienza aquí

COCINA, COMEDOR, SALA DE ESTAR

El nuevo bagua
comienza aquí

RECEPCIÓN, OFICINA

El nuevo bagua comienza aquí

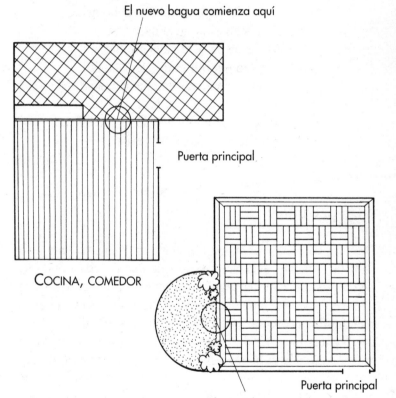

Puerta principal

COCINA, COMEDOR

Puerta principal

El nuevo bagua comienza aquí

SALA DE MEDITACIÓN, DORMITORIO

espacio de paso. En algunos casos los espacios se dividen mediante un cambio en los materiales del suelo: la cocina tiene baldosa o madera y la zona de comedor tiene moqueta. Esta ordenación crea una línea de demarcación que se convierte en la puerta principal a efectos de colocar el nuevo bagua en dicha habitación.

Cada piso tiene un bagua, pero no es preciso conectar los baguas de todos los pisos. El bagua de un piso comienza en el lugar donde termina el último escalón que lleva a ese piso.

Todas las habitaciones de cada piso encajarán en una de las áreas del bagua, y cada una de ellas tendrá su propio bagua.

> Treinta radios comparten el eje de la rueda;
> es el centro el que la hace útil.
> Da forma de barco a la arcilla;
> es el espacio interior el que le hace útil.
> Abre puertas y ventanas en una habitación;
> es el espacio vacío el que las hace útiles.
> Por lo tanto, el beneficio viene de lo que existe;
> la utilidad de lo que no existe.
>
> Lao-Tse

Algo perdido

Después de alinear el bagua con el plano de la casa para localizar las posibles asociaciones, puede quedar claro que falte algún área de su vida según está representada en el bagua, como consecuencia de que la casa no tenga forma cuadrada o rectangular perfecta. Por ejemplo, en los planos de la siguiente ilustración, falta parte o toda una casa de las nueve representadas por el bagua. El área que falta se denomina «espacio negativo». El término «negativo» no sugiere que algo está mal o no es deseable sino más bien que falta un espacio definido por una frontera invisible creada por la estructura existente.

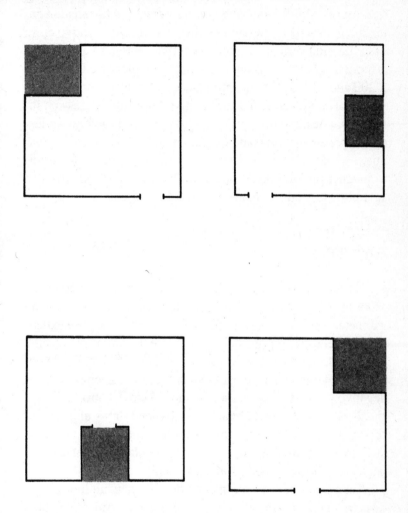

PLANOS CON ESPACIOS NEGATIVOS

Todas las estructuras de energía y los campos vibratorios son simétricos, incluso cuando la forma material visible sea asimétrica. Todas las áreas en las que aparece un campo negativo están definidas por el espacio *existente*. Afortunadamente, la mayoría de las personas tienen un espacio negativo en su casa. La vida sería muy aburrida si todo estuviera en perfecta armonía, como ya dijeron el rey Wen y el duque de Chou hace 3.200 años. El espacio negativo hace que exista la *posibilidad*.

En el campo de feng shui intuitivo las posibilidades son ilimitadas, por tanto no considere que tiene un problema si descubre que en su casa o su oficina falta más de una casa del bagua. La mayoría de los desequilibrios que descubra le permitirán tener oportunidades para introducir cambios positivos en su ambiente y en su vida.

Algo ganado

En contraposición a un espacio negativo, existen muchos diseños en los que la extensión de una habitación crea un pequeño gabinete, zona de estar o simplemente un espacio que se extiende desde el espacio principal. Esta área se denomina proyección y no puede aparecer paralela a un espacio negativo. Cualquier plano asimétrico puede crear tanto proyecciones como espacios negativo pero éstos nunca estarán uno al lado del otro.

Si el área de una habitación se extiende más allá de una forma simétrica ocupando más del cincuenta por ciento de la anchura de la línea sobre la que se encuentra, crea un espacio negativo y no se considera una proyección.

Sin embargo, si ocupa menos de un cincuenta por ciento no crea un espacio negativo y su interior se considera una proyección. Los planos de la ilustración de la página siguiente muestran ejemplos comunes de proyecciones.

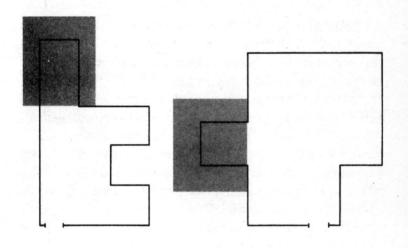

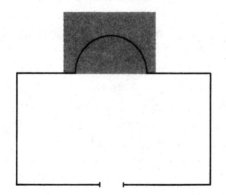

PROYECCIONES

Colocar el bagua en espacios negativos y en proyecciones

CASO

Problema: Gabriella S. era una artista con mucha creatividad y éxito que tenía muchos amigos, una buena relación con su familia y un bonito apartamento. Llevaba ocho años practicando la meditación y se sentía totalmente realizada y centrada en su vida, aunque continuaba buscando pareja. A pesar de que se había encontrado con muchos posibles candidatos, parecía que no era capaz de encontrar al hombre perfecto. Después de asistir a varios seminarios sobre relaciones amorosas, de años de productivas terapias y de incontables citas con el candidato a hombre perfecto, la Srta. S. seguía soltera.

Solución: Gabriella oyó hablar del feng shui a un amigo que había asistido a un seminario en el que el profesor dibujó el plano de un apartamento en el que había un espacio negativo en el área de la Tierra, la casa de las Relaciones. ¡Esta casa era exactamente igual que la de Gabriella! Su amigo le enseñó cómo hacer los cambios necesarios para solucionar su problema, lo cual incluía colocar un espejo en la pared en la que faltaba la esquina de la Tierra. Gabriella se fue a casa y lo puso en práctica de inmediato.

Resultado: En la semana siguiente Gabriella conoció a un hombre en una galería de arte en la que se exponía su trabajo. Él la invitó a salir y empezaron a verse regularmente durante los meses siguientes. Seis meses después él la propuso matrimonio. Ahora es felizmente la señora N.

Colocaciones fijas

Existen algunas colocaciones tan difíciles de solucionar, incluso aplicando las técnicas del feng shui, que deben evitarse.

Un ejemplo obvio de este tipo de diseños es un baño que se abre directamente a una cocina, causando una mezcla de dos energías radicalmente distintas. Otros diseños fijos que deben evitarse son por ejemplo los baños situados en el área del Viento (donde se eliminarán las Bendiciones de la Fortuna), los que se encuentran directamente enfrente de la puerta principal (donde el baño será la primera impresión de los ocupantes y los visitantes), y los que están en el centro de la casa (donde la energía del Agua y los residuos podrían causar enfermedades e inestabilidad mental a sus ocupantes).

Otra situación difícil es la ordenación de puertas y pasillos en los que las puertas chocan unas con otras, se obstruyen o limitan gravemente el paso. Las puertas que se abren a pasillos y chocan con otras, por ejemplo de armarios, pueden causar discusiones en los ocupantes de la casa (sus opiniones «chocarán») y la casa misma será «ruidosa» (por los choques de las puertas). Éstos son ejemplos de colocaciones fijas y pueden resultar caras, poco prácticas o físicamente imposibles de remediar, a pesar de que hay algunas técnicas en capítulos posteriores del libro que pueden aminorar estos problemas crónicos.

Colocaciones fluidas

El lugar donde se coloca la cama, la mesa o la cocina suele ser una cuestión de gusto y le ofrece un gran número de opciones diferentes para ordenar el espacio. Las colocaciones fluidas pueden cambiarse según algunos principios básicos.

1. El *poder* y la *seguridad* surgen cuando se mantiene una visión amplia. En cualquier espacio destinado a sentarse o dormir, coloque los muebles de manera que tenga la visión más amplia posible de la habitación y la puerta. El antiguo símbolo del Dragón está pensado para colocarse detrás de nosotros, es decir, para darnos seguridad y apoyo. No se coloque de forma que su parte ciega, la espalda, esté expuesta.

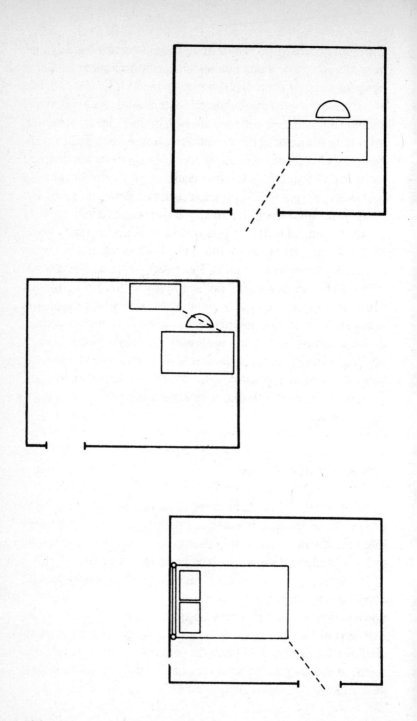

2. La entrada es la vía de acceso de la energía hacia la habitación. No coloque una cama o una mesa directamente enfrente de la puerta sino ligeramente hacia un lado con el fin de incrementar la amplitud y el campo de visión de toda la habitación. Detrás de usted debe haber el mínimo espacio posible. Delante, en la entrada o en la puerta, puede colocarse algún tipo de guardián que nos proteja. Estos símbolos aparecen en muchas culturas e incluyen leones o perros en ambos lados de la puerta o artículos religiosos colgados en una pared cercana a la puerta. Se dice que estos objetos protegen y «elevan» la casa hacia energías superiores.

3. Tenga cuidado con las líneas invisibles de energía que irradian los ángulos rectos de los muebles en el punto de 45°. Estas líneas, llamadas cortes de chi, intensifican los focos de energía y producen incomodidades subliminales y obstrucción. El corte del chi se puede remediar con una ligera modificación en la colocación del mueble, o en algunos casos por medio de plantas o telas suaves colocadas delante del ángulo.

El corte del chi es una energía parecida al filo de un cuchillo que emana de la masa de todas las cosas en los ángulos de 90°. Como la mayoría de las estructuras modernas se construyen en forma de T, hay muchas probabilidades de que existan varios ángulos de este tipo a nuestro alrededor. Las que crean un corte del chi son las que más deben preocuparnos porque envían un campo vibratorio desde los ángulos de 45° hacia mesas, sillas o camas y en consecuencia las personas que se estén allí se sentirán incómodos. Si es posible, coloque los muebles fuera de esta línea de energía; si no se pudiera, necesitará hacer ciertos cambios para dispersar o aminorar esta fuerza.

Analice las siguientes ilustraciones e intente localizar las colocaciones fluidas que pueden cambiarse para mejorar la energía de la habitación. Busque ejemplos de cortes del chi, pérdida de poder o seguridad y errores comunes que pueden solucionarse con facilidad.

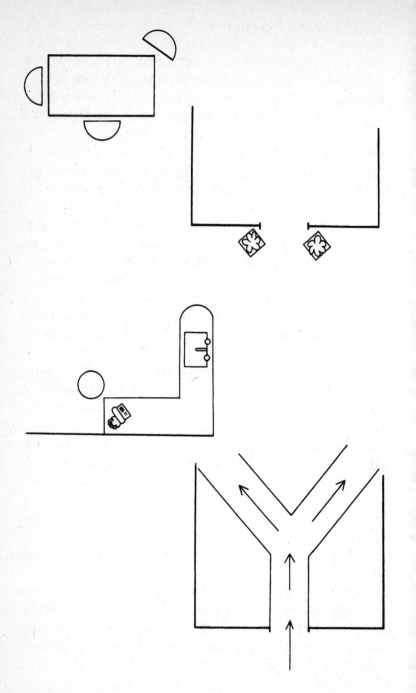

La encimera y la cocina

La correcta colocación de la encimera en la cocina se considera uno de los aspectos más importantes del buen feng shui. La cocina, lugar donde se prepara la comida y se alimenta la vida, es la fuente simbólica de riqueza y bienestar de una casa.

La encimera colocada en forma de isla o en un mueble independiente es correcta siempre que no se sitúe directamente enfrente de la pila. El Agua y el Fuego necesitan estar en equilibrio pero separados y no deben colocarse en directa oposición. Si la encimera se coloca en una esquina o se ve apoyada por dos paredes y además permiten la visión total o parcial de la puerta, la persona que cocina se sentirá más segura y protegida. Esta ordenación también simboliza la riqueza creciente de los ocupantes. La encimera nunca deben colocarse bajo una ventana o una claraboya porque la energía que emana de la preparación de la comida abandonará la casa en lugar de ser absorbida por los ocupantes.

Colocar la encimera al lado de la pila o la nevera (el fuego y el agua, es lo mismo que lo caliente y lo frío) puede crear conflictos y peligro. Para solucionar este problema, común en muchas casas, se puede colocar una pequeña planta sobre la encimera o colgando del techo en el espacio intermedio, y con ello se favorecerá un flujo más suave de energía entre el agua, la madera y el fuego según el ciclo natural de la creación descrito en la teoría de las Cinco Transformaciones. También servirá una fotografía o un cuadro de plantas o madera, que dará una mayor sensación de armonía general.

La propia cocina debería considerarse la habitación más importante de la casa. Aquí es donde se crea vida mediante la comida diaria. Por tanto la forma de la cocina debe ser lo más simple y armónica posible. El techo no debe ser ni muy alto ni muy bajo. Debe ser un espacio cómodo en el que cualquiera pueda crear armonía, equilibrio y salud a través de la preparación de la comida.

Si es posible, coloque la encimera de cara al este o a la luz –al sur en el hemisferio norte y al norte en el hemisferio sur–. El resto de las posibles colocaciones son menos recomendables pero no necesariamente peligrosas. Las zonas de comedor deben ser silenciosas, claras y abiertas, y dar una sensación de paz conseguida mediante obras de arte; selección de colores u otros objetos de adorno.

Dormitorios y zonas de descanso

La mayoría de nosotros pasamos al menos un tercio de nuestra vida durmiendo. Un buen feng shui en el dormitorio implica descansar rodeado de energía positiva. El dormitorio es principalmente una habitación para dormir y recobrar la energía, y por tanto los colores, los objetos de adorno y los cuadros deben emanar paz. Las televisiones, los aparatos de música o las zonas de juegos deben situarse apartadas de la cama, o preferentemente en otra habitación. El dormitorio debe estar en la parte trasera de la casa, lejos de la puerta principal, donde podamos retirarnos al final del día para relajarnos y olvidarnos de los problemas cotidianos.

La correcta colocación de la cama depende de muchas cosas, siendo la más importante la comodidad. Lo ideal es que sea de fácil acceso a la hora de hacer la cama o cambiar las sábanas. No debe bloquear las puertas de los armarios o el paso a las zonas de vestidos o baño. Como ocurre con la colocación de las mesas de trabajo, la mejor manera de colocar la cama es enfrente de la puerta o directamente en diagonal en la esquina opuesta –no necesariamente contra la pared– para que se cree una sensación de espacio alrededor de la cama y se permita una visión clara de la habitación a todo el que entre.

Si la cama debe colocarse debajo de un techo inclinado o abuhardillado, es buena idea intentar aminorar el efecto del desequilibrio en la circulación del aire que causa esta colocación. Los ocupantes deben instalar doseles u objetos de un material ligero colgados del techo para cubrir toda la superficie de la cama, siempre paralelos a ella.

Las mesas de noche, los cabeceros y los muebles adyacentes, como por ejemplo cómodas o percheros, deben tener las esquinas redondeadas o colocarse de forma que se eliminen los posibles cortes del chi. Lo mejor es que no haya paso por detrás del cabecero de la cama ni que haya una ventana detrás o encima. Sin embargo puede existir una pequeña abertura detrás de la cama , siempre que esté alta en la pared, para favorecer la ventilación y la luz.

Es importante que la impresión que nos quede cuando entremos en el «estado de sueño» sea el resultado de lo que vemos mientras nos quedamos dormidos. Es por lo tanto fundamental que los adornos, el mobiliario y el resto de los accesorios visibles desde la cama sean agradables y armónicos y nos den sensación de relajación, paz u orden. En cambio si vemos una mesa llena de papeles o un montón de ropa sucia nuestro sueño se verá afectado.

Zonas de estar

En general, la sala de estar debe ser el reflejo de nuestra vida familiar. Es el lugar ideal para mostrar nuestros «tesoros» más preciados de arte, cultura e historia. Debe ser cómodo y bien iluminado, y nos debe producir orgullo estar allí con la familia y los amigos. Las zonas para sentarse deben dar una sensación de seguridad tanto para los ocupantes como para los invitados. Los sillones y las sillas deben colocarse con la parte posterior protegida, por ejemplo por una librería, una pared o una mesa con plantas. Los asientos que parecen estar flotando en medio de la habitación, en lugar de estar agrupados con otros muebles, deben acompañarse con mesas auxiliares para producir estabilidad.

9. Dime dónde vives y te diré quién eres

La casa es el cuerpo mayor. Crece bajo el sol, duerme en el silencio de la noche y no carece de sueños. ¿No sueña tu casa y soñando, abandona la ciudad y se dirige hacia los bosques o las colinas?

Kahlil Gibran, *El profeta*

El carácter del hombre es el producto de sus premisas.

Ayn Rand, *El manantial*

La definición de casa

Cada área de la casa –cada casa del bagua– conlleva un tipo de energía diferente y una «carga» simbólica. Una vez terminada la hoja de autoevaluación del capítulo 1, usted debería tener ya una idea de las diferentes áreas. El propósito de este capítulo es comprender lo que significa cada casa y situar estas energías en su propia casa o en su ambiente. Si ha realizado los ejercicios de alineación del bagua, ha llegado el momento de crear el mapa de su vida según se manifiesta en su casa o su oficina. Destaque las áreas en las que quiere mejorar, cambiar o ajustar utilizando las curas que se explican en el siguiente capítulo.

Símbolos del bagua

I. AGUA

El área del Agua es el principio, denominado El viaje.

Enfréntate a él y no hay principio.
Síguelo y no hay final.

Lao-Tse

La vida sigue un camino, como un viaje. Esta área de su vida es como viajar en un barco que baja por un río. El área del Agua se denomina a veces Profesión, pero incluye mucho más que el trabajo que se realiza. Representa la libertad para hacer lo que se quiere hacer –para vivir sin esfuerzo, con claridad y facilidad. Es el lugar natural para colocar objetos que contengan líquido, tales como tinta, pintura, medicamentos y aceites, o bien cuadros que muestren o simbolicen el agua de alguna forma, como por ejemplo ríos, arroyos, mares, peces, ballenas y cascadas.

Cuando falta en su casa esta área del bagua, alguno de los ocupantes puede sufrir alguna enfermedad a menos que se corrija esta colocación. Si se sitúa algún elemento protector en esta área, los ocupantes se beneficiarán con riqueza y con ideas correctas sobre cómo utilizarla.

II. TIERRA

El área de la Tierra corresponde a las Relaciones

Quiero estar con aquellos que conocen cosas secretas, o si no,
solo. Quiero ser el espejo de todo tu cuerpo.

Rainer Maria Rilke

Las relaciones con los demás, ya sean platónicas, profesionales o pasionales, nos ayudan a integrarnos mejor con aquellas
partes de nosotros mismos que no vemos fácilmente. Para algunos, las relaciones con sus clientes implican dinero; para
otros las relaciones son una fuente de gran felicidad, y pueden
concretarse en matrimonio o la formación de una familia –para
muchos, el objetivo más importante de su vida–. Pero la esencia de esta área está simbolizada por la Tierra, la Receptiva.
La Tierra se relaciona con todas las cosas que también son receptivas, como los cojines o las almohadas, que reciben al cuerpo; los campos y las zonas no cultivadas, zonas abiertas, y la
pura naturaleza de la modestia sincera, la humildad y el corazón generoso y abierto. Entrar en una relación significa ser
sinceramente receptivo y generoso.

A 180° en el bagua se encuentra el mundo interior de las
relaciones, la casa denominada Contemplación. Nuestras relaciones con los demás son siempre el resultado de la forma
en la que las llevamos dentro de nosotros mismos. La Tierra

es el área que conlleva la carga más fuerte del Principio Femenino.

Cuando falta en su casa esta área del bagua, las mujeres que viven en la casa pueden tener problemas. Además, los ocupantes pueden experimentar dificultades para resolver problemas relacionados con la tierra o la agricultura. Cuando existe una proyección, la casa se rodeará de felicidad si hay muchas mujeres en ella; en cambio los hombres serán mucho menos felices.

III. Trueno

**El área del Trueno representa la energía
de nuestros mayores.**

Si no conoces el pasado, no tendrás futuro. Si no sabes dónde
ha estado tu gente, no sabrás hacia dónde va.
          Forrest Carter, *The education of Little Tree*

Como el trueno que precede a la tormenta, nuestros mayores y
antepasados nos preceden. El respeto y la honra hacia ellos es
un principio tradicional casi perdido en las sociedades modernas. Esta área se relaciona directamente con aquellos que están por encima de nosotros, nuestros superiores, jefes, padres
y mayores. Algunos pertenecen a nuestra familia biológica,
pero también se incluyen los que están por encima de nosotros
en el terreno laboral. Asociado con la energía que se eleva y se
expande como un árbol, el Trueno o los Mayores también está
simbolizado por instrumentos musicales (objetos para hacer
ruido), por plantas altas (plantas que crecen sobre todo hacia
arriba), por el amanecer, y otros aspectos de esta energía que
muestran objetos de adorno. Esta área está a 180° de la casa
que rige a los hijos, el Lago.

Cuando hay un corte o una parte perdida en esta área del
bagua, es posible que los ocupantes de la casa sientan una pérdida de energía y falta de resistencia y vitalidad. Los niños na-

cidos en estas casas pueden abandonarlas aún muy jóvenes. Si existe alguna proyección en esta área, la energía creada en la casa conducirá a mayores éxitos en la vida de los ocupantes.

IV. Viento

El área del Viento es el lugar de las Bendiciones de la Fortuna.

Si protegiéramos los cañones de los vientos, nunca veríamos la belleza de sus tallas.

Elisabeth Kübler-Ross

Existir es una bendición;
vivir es un don divino.

Rabbi Abraham Heschel

La mayoría de las personas relacionan la buena suerte con ganar en la lotería, elegir el caballo adecuado en las carreras o recibir un regalo inesperado como una herencia o un premio en una rifa. Aunque el área del Viento se asocia con frecuencia a la riqueza, corresponde más exactamente al área donde experimentamos lo que supone una bendición en nuestra vida, incluso en medio de grandes dificultades, y por ella recordamos lo verdaderamente afortunados que somos. Las Bendiciones de la Fortuna no significan simplemente recibir dinero, sino más bien tener una percepción y una experiencia real de la buena suerte en muchas áreas de nuestra vida, recibir buenos augurios, disfrutar de la prosperidad, la armonía e incluso la salud. El reconocimiento por parte de un compañero de trabajo o un empleado, la gratitud expresada por un hermano, el ascenso en el trabajo o una distinción recibida de una asociación comercial, por ejemplo, son todos signos de la armonía en la casa del Viento.

El símbolo de la penetración, al igual que el viento soplando a través de una pantalla, y los aspectos más ligeros de la naturaleza de los árboles, inherentes en las palmeras o los sauces, son los más relacionados con esta área y pueden realzarse mediante el arte u otros objetos simbólicos. En directa oposición con el Viento, a 180° en el bagua, se encuentra el Cielo, que rige la filantropía. Por supuesto, cuantas más bendiciones recibamos, más podremos dar.

Cuando falta en una casa esta área del bagua, los ocupantes tendrán accidentes frecuentes y experimentarán «rachas de mala suerte». Tendrán problemas a menudo con negocios, documentos, contratos legales e impuestos. Si existe una proyección en esta área, los ocupantes podrán tener éxito en los negocios y disfrutar en general de buena suerte.

V. EL TAI CHI

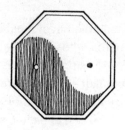

**El centro, llamado Tai Chi, simboliza todos
los antagonismos complementarios y la Unidad.**

Todos los hombres están en contacto con su entorno, no a través de sus manos sino a través de un sinfín de largas fibras que
se extienden desde el centro de su abdomen. Estas fibras conec-
tan al hombre con todo lo que le rodea, mantienen su equilibrio, le dan estabilidad.

Carlos Castaneda, *Las enseñanzas de don Juan*

El centro vital del cuerpo, llamado el *hara*, es el profundo y
enraizado espacio desde el que emana la energía vital o chi.
De la misma forma que el Tai Chi es el centro gravitatorio de
nuestra anatomía, el Tai Chi de una casa o una habitación es el
lugar donde su produce la Unidad. Aquí, en el centro de la
casa, muchas familias y muchas culturas tradicionales se co-
nectaban con otros aspectos complementarios del exterior, como
pequeños patios con jardines o atrios. Por encima de todo, la
Unidad debe fluir sin obstrucciones, con limpieza y orden. Siendo más un punto de referencia que un espacio real con ciertas
dimensiones, la Unidad incluye aspectos de los otros ocho trigramas. Esta área es la parte más importante de la casa o de la
oficina si la salud es nuestra primera preocupación. Disfrutar
de salud verdadera es unir los mejores aspectos de las ocho ca-

sas del bagua: buenas relaciones con la familia y los amigos, una carrera profesional satisfactoria, sentirse bendecido, etc. El Tai Chi contiene «todo» y «nada».

Cuando falta esta área, el exterior está en el interior ¡hay un patio o un jardín en el centro! Este maravilloso diseño ha sido utilizado por muchas culturas tradicionales. Colocar agua en esta área es una buena idea siempre que el agua sea fresca y se mueva. La dimensión general de un patio o un jardín en el área del Tai Chi debe ser menor de un tercio del espacio interior útil.

VI. Cielo

El área del Cielo es la puerta abierta
a los amigos generosos.

Sigue el camino del cielo, refléjate en el principio que subyace a los asuntos humanos.

Han Fei Tzu, tercer milenio a. de C.

No hagas lo que no quieres que te hagan.

Proverbio del siglo XVI

El camino de la naturaleza es el camino del Cielo. Los dones del Cielo, según se manifiestan en la tierra, llegan en forma de apoyo, consejo y amor por parte de nuestros amigos íntimos. Esta área, la de los Amigos Generosos, es la puerta a través de la cual entran en nuestras vidas los voluntarios, los empleados que nos apoyan, los buenos vecinos y los «ángeles» tanto imaginarios como reales. Es también el área por la cual usted, en calidad de amigo generoso para otros, ofrece generosamente su talento, su tiempo y toda su energía. La esencia de esta área de su casa es la filantropía, manifestada no mediante donaciones de dinero a una institución de caridad o diezmos a una iglesia, sino mediante el ofrecimiento generoso de lo que más nos importa sin esperar nada a cambio. Su símbolo son las piedras semipreciosas, los diamantes y objetos de cristal. El Cielo también abraza la carga más fuerte del Principio Masculino, contrapuesto a la carga femenina de la imagen de la Tierra.

Cuando falta de la casa esta área del bagua, los hombres tendrán dificultades con sus jefes. Además pueden sufrir enfermedades o falta de vitalidad. Cuando existe una proyección aquí, los ocupantes serán capaces de desarrollar con más naturalidad una auténtica preocupación por sus semejantes y realizarán actos de apoyo a las personas que tienen menos riqueza material que ellos.

VII. Lago

El área del Lago se relaciona con la Creatividad.

«..»

(¡Sea creativo! Rellene usted mismo este espacio en blanco)

Todo lo que creamos –nuestros hijos, proyectos, historias y obras maestras del arte– vienen de la energía del Lago. Denominada con frecuencia Hijos, esta área de nuestra casa introduce alegría e imaginación en nuestra existencia. Aquí desarrollamos por ejemplo planes para un nuevo negocio, inventamos un sistema mejor para cazar ratones, componemos un poema o una canción y plantamos las semillas de una nueva vida. la creatividad existe en el interior de cada uno de nosotros, grandes y pequeños, viejos y jóvenes. Con ella la vida es mágica; sin ella, la vida se acaba. Esta área de la casa también simboliza todo lo relacionado con los órganos sensoriales: gusto, tacto, olfato, vista y oído. En particular, el aroma de las flores, el brillo del agua de los estanques, el delicioso sabor de los postres y la música melodiosa realzan la esencia del Lago, al igual que las imágenes de todos ellos en objetos artísticos y decorativos. Esta área también está asociada con el crepúsculo, inmediatamente anterior a la puesta de sol.

Cuando falta en su casa esta área del bagua, los ocupantes pueden tener dificultades para ahorrar dinero destinado a entretenimientos porque tenderán a malgastarlo sin razón. Si hay una proyección en esta área, los ocupantes serán sociables, alegres y se alimentarán bien, aunque con frecuencia pueden resultar el foco de ridículos chismorreos.

VIII. Montaña

La Montaña es el área de la Contemplación silenciosa.

Ser consciente de la propia ignorancia es una gran paso hacia
la sabiduría.

Benjamin Disraeli

Los sabios antiguos pasan horas de contemplación silenciosa,
frecuentemente en el aire limpio y la completa soledad de una
cueva en una montaña. Tras horas de estudio o meditación, los
sabios se enfrentaban a su ignorancia y profundizaban en el
conocimiento de su propio ser. Esta área de su casa, también
denominada Conocimiento Interior, no surge de lo que se sabe
sino más bien de lo que *no* se sabe. Una carrera, una licencia-
tura o un reconocimiento por parte del Departamento de la Inteligencia pueden ser para algunos signos importantes para
medir su conocimiento, pero los académicos, filósofos, maestros, artistas y tutores más grandes del mundo han descubierto
la sabiduría en su interior, sin necesidad de ninguna certifica-
ción o acreditación de una universidad. La sabiduría interior
depende de la reflexión y la introspección, que suele ocurrir a
altas horas de la noche o en las primeras de la mañana. La
Montaña está simbolizada por recipientes, como por ejemplo
cuevas, iglesias, objetos solitarios, cajas o vasijas vacías, y el silencio de la naturaleza en el invierno.

Cuando falta en su casa esta área del bagua o cuando está incompleta, las parejas ocupantes pueden tener dificultades para concebir un hijo. Una mujer soltera tendrá problemas con sus órganos reproductores. Si existe una proyección, también creará dificultades para los habitantes. Habrá muchas discusiones familiares y mucha tensión porque las personas se volverán cada vez más egoístas. Ésta es la casa del bagua que no debería tener ni proyecciones ni faltas.

IX. FUEGO

**El área del Fuego, la que completa el bagua,
es la Iluminación.**

Antes de la iluminación, recoge agua, corta leña.
Después de la iluminación, recoge agua, corta leña.

Anónimo

Estar cargado de Fuego significa manifestar la energía de la
claridad. Al final del ciclo, como al final de la vida, vemos la luz
que brilla en nuestro interior. Cuando estamos de cara al público, esta área se denomina Fama. Pero está claro que el reconocimiento público o la fama mundial todavía pueden dejar a una
estrella en la oscuridad. Esta área de la casa no corresponde a
la fama pública sino a la Iluminación interior y a la capacidad
para iluminar a otros. Está simbolizada por la energía activa
latente del verano y se ve realzada por objetos que iluminan el
alma, como las grandes obras de la literatura, las pinturas de
grandes maestros antiguos o la música o la poesía conmove-
dora. El Fuego está situado a 180° de la casa del Agua, recor-
dándonos con ello que estamos en constante relación con nuestro propio camino y debemos hacer siempre «lo que queremos
de verdad». Mucha gente, después de conseguir fama y riqueza material, se deja llevar por las nuevas exigencias que esta
popularidad les impone. Y esto puede alejarles de su camino

–El Viaje, la casa del Agua, siempre asociada con el Fuego–. Muchos artistas y políticos famosos dejan a un lado la notoriedad y el esplendor para intentar realizar un sueño mucho más verdadero para su naturaleza interior. Los maestros iluminados abandonan el camino del deseo. La sabiduría del Fuego distingue a los seres humanos del resto de los animales.

Cuando falta en la casa esta área del bagua, los ocupantes se preocuparán en exceso de las opiniones de los demás y les será difícil tener confianza en sí mismos. Cuando existe una proyección, la energía creada hará que las personas sean conocidas en su sociedad o alcancen un estado de realización personal en su vida cotidiana.

Todo está relacionado

La esencia del bagua, como observó Fu Hso, era un concepto verdaderamente extraordinario: todo en el mundo –todos los objetos materiales, las emociones, los colores, los trabajos, las cualidades espirituales, las estaciones, etc.– podía considerarse parte de una de las áreas del bagua. Nada quedaba fuera del todo. Todo en nuestras vidas y en nuestra casa está bajo la influencia de la energía de una de las nueve áreas o casas del bagua.

Imagine que trabaja en una sección de un periódico local. Aunque no se está haciendo rico, trabajar para una empresa grande tiene sus ventajas y le permite pagar sus facturas. Pero recientemente ha empezado a trabajar la madera como afición. Se ha comprado todas las herramientas necesarias y lee las publicaciones dedicadas a la forma de hacer armarios. Ha conseguido crear algunas cosas pequeñas que ha regalado a los amigos. Pronto se da cuenta de que puede conseguir dinero vendiendo su trabajo.

Así, como aficionado a la carpintería, decide intentar hacer su primer armario y ponerlo a la venta en el periódico local.

Al inicio de un proyecto de este tipo, su energía sube como el Trueno, asociado con el «nacimiento» y las ideas nuevas; la imaginación, diseño y creación de la pieza están regidas por el Lago, la casa de la Creatividad; su venta estará relacionada con el Viento, la casa de las bendiciones de la Fortuna, porque esa venta le reportará dinero.

Después de la primera venta, podría ocurrírsele la idea de dejar su trabajo en el periódico y ganarse la vida haciendo armarios. Esta nueva dirección en su carrera profesional estaría regida por el Agua, porque cambia el curso del Viaje. Puesto que los armarios son en realidad grandes cajas, las piezas que usted creara, estarían fuertemente influenciadas por la Montaña, debido a que las formas físicas de las cajas están relacionadas con la Contemplación.

Cuando empieza se da cuenta de que necesita el consejo de un carpintero profesional. Él o ella estarán regidos por el Trueno, puesto que esta casa reúne la energía de los Mayores. Mientras trabaja bajo la dirección de esta persona, conoce a otra persona que se dedica a hacer armarios de cocina. También acaba de empezar en el campo de la carpintería y ambos hablan de trabajar juntos y montar un negocio dedicado a hacer muebles a medida. La unión con este nuevo socio estará influida por la Tierra, el área de su casa que rige las Relaciones. Hablan de varios nombres para la nueva empresa y deciden que se llamará *Claridad S. L. Diseño de muebles*. Un nombre como éste se relaciona directamente con el Fuego, la esencia de la Iluminación.

Ambos necesitan muchos consejos y apoyo para comercializar sus productos con éxito pero no tienen mucho dinero para contratar a un experto de mercado o un director de ventas. Conocen a algunos amigos que pueden darles consejos para empezar. Ellos estarán influenciados por el Cielo, el área de los Amigos Generosos.

Podemos seguir haciendo estas consideraciones una y otra vez, conectando casi todo lo que usted hace con todo lo demás, y relacionándolo todo con el bagua. Reflexione un momento sobre lo que hace ahora y cómo encajan los distintos aspectos de su trabajo en las casas del bagua. ¿Tiene problemas? ¿Se siente bloqueado? ¿Tiene dificultades? Cada área de su vida se corresponderá con una de las casas de su vida.

CASO

Problema: Lucy escribió una gran biografía sobre una personalidad de los años veinte. Todos los que la leyeron pensaban que era maravillosa, pero Lucy no encontraba nadie que se la editara. Envió su manuscrito a muchos agentes y editoriales pero sólo consiguió educadas cartas de rechazo.

Solución: Después de hablar con un familiar que había estudiado el feng shui intuitivo, Lucy aprendió a localizar el punto de su casa y su oficina que más se relacionaba con sus dificultades para publicar el libro. Era la casa del Agua. No era raro que hubiera bastante desorden en la entrada de su casa, el área del Viaje, que influye en su nuevo camino profesional. Después de sacar varias cajas de trastos viejos, arregló la moqueta, pintó las paredes de un tono verde claro y colgó cuadros brillantes y con muchos colores para estimular el cambio de energía.

Resultado: Antes de que terminara la semana, recibió una carta de una editorial para publicar su libro. Después de hacer algunos cambios más, su agente le llamó para informarle de que una actriz y directora famosa quería comprar los derechos del libro para un posible proyecto. Lucy firmó un contrato de mucho más dinero del que podría haber conseguido sólo con la venta del libro.

Las casas del bagua, como el resto de los aspectos de su vida, están íntimamente relacionadas. Como en el caso de la medicina holística, no se puede tratar una parte y esperar «curar» el todo. Observando su vida y su casa, usted comprenderá fácilmente la conexión entre cada habitación, como las partes del cuerpo, con cada aspecto de su vida, como las partes del alma. Mire el bagua de nuevo para ver las conexiones existentes.

10. Hacer cambios

Todos los cambios, al igual que el llamado equilibrio, se producen y se revitalizan con la intersección de los opuestos.

Georges Ohsawa, *Unique Principles*

¿Qué es una cura?

Reorganizar los muebles de una habitación casi siempre suele traer un poco de aire fresco a la vida de los ocupantes. Ponga un cuadro nuevo, tapice una silla con una tela distinta o pinte las paredes y probablemente mejorará la estética de su casa. Si utiliza los principios de equilibrio y armonía, piedras angulares del feng shui intuitivo, todos los cambios que haga en su ambiente provocarán grandes cambios en su vida.

En la práctica de la medicina, la meditación o la mediación, la meta es conseguir la estabilidad, el acto de centrar la energía lo más cerca posible del punto medio. Bien sea la simple curación del hipo o la solución a un viejo problema social, la mayoría de las «curas» suponen la reunión de los contrarios para crear un todo unificado. Incluso si se trata del mundo invisible de las vibraciones, los científicos saben que todo lo que no se puede ver o tocar puede definirse en último término como series de ondas creadas por el mundo material. El espectro de los colores, las frecuencias altas o bajas del soni-

135

do, y la densidad de los materiales, son todas energías mensurables.

La relación del feng shui con los mitos y las supersticiones nació de la falta de apreciación por parte de la gente moderna de las cualidades que tiene el mundo invisible. Para los que no están acostumbrados a detectar este tipo de energías, las curas del feng shui son simplemente restos de una época oscura. Sin embargo, si se estudian con mayor atención la mayoría de los remedios básicos del feng shui clásico, se hace evidente que el antiguo practicante de esta teoría utilizaba los principios básicos de armonía y equilibrio para todas las situaciones. La historia de La pequeña casa de la montaña es un ejemplo sorprendente de este principio.

Hace mucho tiempo había una familia que vivía en una casa en la montaña. La hija, que dormía en una habitación pequeña en la parte delantera de la casa, con vistas al valle, se quejaba de sufrir sentimientos de inseguridad y mareos. Solía pensar que su camino en la vida era inestable y precario.

El hijo, que dormía en una habitación que daba a la parte trasera, tenía sentimientos muy diferentes. A pesar del amor y el apoyo de sus padres, se solía quejar de sentirse confuso, bloqueado y deprimido. La rigidez y la opresión regían su triste vida y pocos eran capaces de comprender la razón de su tristeza.

Sus sabios padres decidieron buscar el consejo de un maestro de feng shui que vivía en un pueblo cercano. Cuando el maestro llegó a la casa y observó el paisaje que la rodeaba, entendió con rapidez la razón por la que ambos hijos tenían problemas tan diferentes en su vida. Utilizando el Principio Unificador, resolvió fácilmente el problema.

Hizo algunas recomendaciones simples con el propósito de ajustar el chi, lo cual cambiaría la forma de la que los ocupantes experimentarían las energías de la casa. Plantó bambú en la parte trasera de la casa, hacia donde miraba la ventana del hijo. El bambú crecería con rapidez y le proporcionaría todas las energías contrarias a las de la montaña. El bambú es una planta hueca y flexible –la montaña es sólida y rígida–, bro-

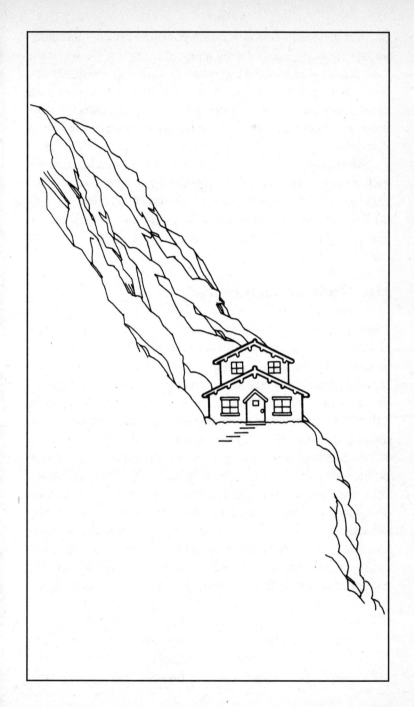

ta deprisa hacia arriba con fresca energía vegetal –la montaña tiene energía mineral muy antigua–, y es una planta ligera y agradable –la montaña es oscura, pesada y siniestra. Delante de la casa colocó largos troncos y piedras grandes para crear estabilidad y energía horizontal –la pendiente, de peligrosa inclinación, producía la sensación de inseguridad de lo vertical.

Poco después de la visita del maestro, cuando las «curas» estaban colocadas, los padres empezaron a notar cambios sutiles pero evidentes en el comportamiento de los hijos. Y cuando llegó el siguiente ciclo de la luna, ambos eran tan felices como nunca lo habían sido antes.

¿De dónde vienen las curas?

La mayoría de los observadores del arte de la colocación con el feng shui, bien sean historiadores, arquitectos, o simplemente dueños de una casa, creen que las curas de las que se ha hablado durante siglos han sido transmitidas por algún viejo sabio en la cima de una montaña. Si se ve el feng shui como una colección de remedios supersticiosos, parece inevitable que tenga que depender de algún libro de enseñanzas secretas.

En realidad, todos los ajustes que utilizaban los maestros ponían en práctica el Principio Unificador de la armonía de los opuestos. Imaginemos que el maestro que consultó la familia de la casa de la montaña, llega a la escena únicamente con papel y lápiz. Sentado en la parte trasera de la montaña, comienza a hacer una lista de las cualidades de la energía de la montaña que podrían afectar a los ocupantes de las habitaciones traseras. La lista sería algo parecido a esto:

Bajo	**Mineral**
Duro	**Quieto**
Oscuro	**Rígido**
Viejo	**Sólido**

Para que surtan efecto sus recomendaciones, él sabía que cualquiera que fuese la cura, no debía incluir estos elementos. Primero, pensó en una fuente pequeña, porque contenía elementos de Agua que faltaban en la montaña. Pero no parecía ser suficiente. Después se imaginó flores alrededor de la fuente pero comprendió que esto también parecía poco ante la tremenda fuerza que tenía delante. Luego pensó en plantar unos cuantos árboles grandes, que añadirían otros elementos que faltaban a la fuente y las flores, pero esto tardaría algún tiempo.

Sentado detrás de la casa, el maestro hizo otra lista con todos los opuestos de la lista anterior:

Alto	**Vegetal**
Suave	**Móvil**
Claro	**Flexible**
Joven	**Hueco**

La solución estaba en aconsejar la colocación de algo que contuviera estos elementos con el fin de dar armonía al lugar. Fue entonces, después de utilizar el principio de los opuestos complementarios denominado Principio Unificador, cuando encontró la solución perfecta: plantar bambú detrás de la casa. El bambú crece rápidamente, es hueco, flexible, fresco, crece hacia arriba con nueva vida en poco tiempo. El bambú plantado entre la casa y la montaña tenían todas las energías necesarias para que frente a los que miraran por la ventana, se neutralizara el efecto de la montaña, que había hecho que el chico tuviera tantas dificultades en su vida.

La vida es una serie de cambios continuos. Vista a través las lentes mágicas del Principio Unificador, la energía puede moverse hacia dentro y hacia fuera, hacia arriba y hacia abajo, deprisa o despacio, caliente o fría, etc.

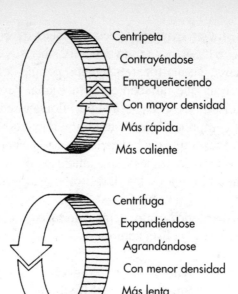

Centrípeta
Contrayéndose
Empequeñeciendo
Con mayor densidad
Más rápida
Más caliente

Centrífuga
Expandiéndose
Agrandándose
Con menor densidad
Más lenta
Más fría

Las energías que se mueven de forma centrípeta se contraen hacia dentro, empequeñecen y se vuelven más densas. Por ello, las moléculas empiezan a vibrar con mayor rapidez, creando fricción y por tanto calor. A medida que sube la temperatura las moléculas se expanden, y como predice el Principio, comienza el proceso contrario del movimiento centrífugo. La energía se mueve hacia afuera y se agranda, se hace menos densa y las moléculas se mueven más lentamente. Al hacerlo, la temperatura baja hasta que todo comienza de nuevo a contraerse.

Este principio universal de la energía se ha entendido como un ciclo completo del cambio y se aplica en campos tan diversos y poco relacionados como la biología, la física, la economía y la historia. La base central del feng shui intuitivo consiste en utilizar estos principios para comprender los desequilibrios presentes en el ambiente. Es fácil ver ahora que las curas no proceden de enseñanzas místicas venidas de tiempos remotos sino del resultado de juicios adecuados y claridad de razonamiento.

El papel de la intuición

No hay ningún camino lógico para descubrir estas leyes elementales. Sólo puede hacerse a través de la intuición, ayudada
por la sensación de orden que subyace en toda apariencia.

Albert Einstein

La intuición es una capacidad innata y original que se desa-
rrolla, como un músculo, con el uso repetido. Todos nacemos
con este «saber» instintivo, basado en la claridad, no en infor-
maciones o datos aprendidos. Todos hemos experimentado la
sensación de «tener una corazonada» y después nos sorprendemos diciendo: «¡Sabía que esto iba a ocurrir!». El reto consiste no tanto en reconocerlo a posteriori sino en utilizarlo como
fuente de conocimiento y guía cuando aparece por primera
vez. Nuestra intuición funciona como un compás de geomante interno, como un imán, guiado por una corriente clara y libre de energía que fluye entre el cielo y 'la tierra a través de
nuestra espina dorsal. La intuición, un «saber» infinito y universal que poseen todos los seres humanos, se ve atraído hacia
los polos magnéticos contrarios a las moléculas de hierro en
nuestros glóbulos rojos. Cuando limpiamos nuestra sangre mediante una dieta adecuada y una forma de vida equilibrada,
mejora nuestra salud general, lo que nos permite observar la
energía con más claridad y con mayor nivel de juicio.

Utilizando el Principio Unificador del feng shui intuitivo,
se puede acceder al asunto clave de cada problema. No tener intuición es como ver un partido de fútbol desde detrás de la por-
tería; tenerla es como estar en el centro del estadio. Es esencial
comprender que la intuición se refuerza como resultado de la
claridad interna y no tiene nada que ver con la acumulación de
datos y conocimientos.

Puesto que el mundo externo y el interno se reflejan el uno
en el otro, el proceso de la claridad puede proceder de cualquiera de ellos. Antes de seguir, empiece por limpiar los espacios
que quiere «curar» mediante el feng shui. Elimine el desorden.

Poner el feng shui en su vida: desorden y limpieza

Colocación de las curas

La curas que se detallan en los párrafos siguientes tendrán un profundo efecto sobre su vida y su destino. El éxito que tenga para conseguir los resultados adecuados depende de dos consideraciones extremadamente importantes: el *lugar* y el *propósito*.

Si va a colocar curas en su casa o en su lugar de trabajo, es fundamental fortalecer el poder de transformación del feng shui preparando primero el espacio. Colocar espejos o colgar cristales en una habitación desordenada puede tener efectos negativos. Limpiar el ambiente antes de colocar una cura es como darse una comilona o comer algo ligero antes de una operación: la limpieza favorece un cambio más positivo.

El lugar

Elimine todo el desorden del lugar donde quiere poner en práctica el feng shui. Si por naturaleza usted acumula cosas, cambie lo que puede parecer desorden por almacenamiento, una forma de energía muy distinta. Todas las bolsas de ropa que ya no le valen a nadie o se han pasado de moda son *desorden*. La ropa de invierno que no se usa en verano es almacenamiento. Las pilas de revistas que se guardan en caso de necesitar por casualidad releer algún artículo de hace cuatro años, son *desorden*. Una organizada colección de revistas antiguas de su tema favorito son almacenamiento. Pilas de libros y discos, baldas llenas de casetes que ya no escucha nunca, o montones de fotografías que no salieron bien son *desorden* hasta que las organice bien. Una vez que empiece a mirar a su alrededor, no se sorprenda de ver cuánto desorden ha llegado a acumular. Una «limpieza de primavera» en profundidad en su casa es un primer paso muy bueno.

¿Quiere decir que, después de todo lo que hemos aprendido aquí,
el primer paso del feng shui es hacer más tareas domésticas?

Asistente de un seminario

El alféizar de las ventanas, las paredes y el umbral de las puertas donde quiere colocar las curas deben estar limpios de objetos, pegatinas y otras cosas. Una simple limpieza también puede cambiar la energía de estos lugares.

También es posible que quiera realizar un simple ritual de limpieza que usted haya inventado, siguiendo el ejemplo de muchas culturas, como por ejemplo encender una vela, quemar incienso o eliminar las vibraciones de la habitación utilizando una vara de salvia ardiendo. Ningún ritual es mejor que los demás. Usted es el único dueño de su destino y puede crear las vibraciones ideales para usted utilizando su propia intuición y sus sentimientos. Confíe en el proceso.

EL PROPÓSITO

Cuando todo está preparado para colocar la cura, recuerde las razones que le llevaron a centrarse en este aspecto concreto de su casa y su ambiente. Si su intención es atraer a su habitación y su vida el espacio negativo de la Tierra, téngalo siempre presente mientras coloca la cura. Vuelva a mirar la hoja de visualización del proceso en el capítulo 4 y utilice el texto que escribió como guía. Lo que usted cree en su vida dependerá de cómo coloque la cura y hasta qué punto su propósito esté dentro de lo *posible*. Si coloca un espejo en una pared en la que ha identificado un espacio negativo, y mientras pone el clavo está pensando «Esto no va a funcionar, pero bueno, ¡no se pierde nada por intentarlo!», como máximo obtendrá resultados limitados. Sin embargo, si se repite a sí mismo la afirmación positiva que cambiará su vida según la escribió en la hoja de visualización para esta misma casa del bagua que le crea dificultades, la cura tendrá muchas más posibilidades de surtir el efecto deseado.

143

En el feng shui, usted no sólo modifica su ambiente sino que además transforma su vida. Tanto sus pensamientos como las curas conllevan vibraciones. Cambiar los lugares significa primero cambiar las vibraciones. Recuerde que *las imágenes preceden a la materia.* ¡Favorezca las posibilidades!

> Espejo, espejito mágico, ¿quién es la más bella de las dos?
>
> La bruja mala de *Blancanieves*
> Cuentos de los Hermanos Grimm

Las curas

Espejos

Mientras ve cómo un mago sierra a una mujer por la mitad o hace desaparecer un elefante en el aire, el desconcertado espectador no puede imaginar lo simples que son estas ilusiones. Sin espejos, más de la mitad de la magia de Las Vegas se perdería. Alicia en el País de las Maravillas descubrió el mundo que existía más allá del espejo y el destino de Blancanieves estaba íntimamente unido al espejo que colgaba de la pared. Como los espejos son una de las curas más comunes que se emplean en el feng shui, es muy importante entender su utilización correcta.

LOS ESPEJOS QUE SÓLO REFLEJAN

Los espejos tienen muchas funciones distintas. Como objeto común, el espejo refleja la imagen humana y se utiliza todos los días para afeitarse, maquillarse, colocarse la corbata o para vestirse. Pero los dos lugares normales donde colocamos espejos, el baño y el dormitorio, pueden de hecho crear dificultades a la vez que realizan su función primordial.

Todos los espejos deben mantenerse completamente limpios. Los espejos rotos, estropeados, desgastados u opacos tienen efectos muy poderosos, normalmente no deseables, y deben reemplazarse por otros nuevos. Los espejos decorativos hechos de cristal ahumado pueden quedar preciosos en el lugar adecuado y utilizarse para crear un ambiente estético bien definido pero deben evitarse si la imagen humana se ve «rodeada de neblina». De igual forma, los espejos pintados son verdaderas obras de arte y deben colocarse como elementos de decoración, nunca para reflejar caras.

Puesto que los hombres somos algo más que cuerpo y cara, los espejos suelen resultar pequeños y no reflejan todo el campo de energía que somos en realidad. Existe un campo vibratorio alrededor de nuestro cuerpo llamado aura. Lo veamos o no, este campo puede medirse utilizando distintos elementos de la tecnología moderna, como por ejemplo la fotografía Kirlian. El aura que hay alrededor de la cabeza, en forma de halo o corona de ángel, se extiende como media unos 18 cm. más allá de la forma física. Cuando miramos nuestra imagen reflejada en el pequeño espejo del baño todas las mañanas o todas los noches, lo que somos se limita al yo físico. Los espejos que reflejan la cara deberían ser más grandes que el cuerpo, a medida que nos hacemos «más grandes que la vida».

Un espejo que sirva para vestirnos debería también incluir mayor espacio que la imagen de nuestro cuerpo físico. Los ocupantes de una casa necesitan ser conscientes de sus propias proporciones para que los invitados que tengan en su casa no necesiten agacharse o ponerse de puntillas para verse reflejados en el espejo.

Otro problema que hay que tener en cuenta además del tamaño del espejo es el borde. Sabemos que los espejos están hechos de cristal y que los bordes pueden ser tan afilados que es fácil cortarse un dedo si no se tiene cuidado. Por eso deben colocarse con un marco u otro tipo de protección en los bordes o nivelados en una superficie perpendicular. Al hacerlo no sólo eliminamos el posible peligro sino que además, al suavizar los bordes, potenciamos la característica de reflejar las imágenes que tiene el espejo, lo cual es mucho más importante para aumentar su energía, darle mayor luminosidad a una esquina o crear una sensación de profundidad detrás de una balda o un mostrador. Así nunca seremos conscientes del filo del borde.

Colocar dos espejos uno al lado del otro crea otro problema. Para evitar cortar la imagen en los bordes de cada espejo, utilice una tira divisoria de madera, de tela o de otro material para marcar la separación entre ellos. Puede también colocarlos lo suficientemente separados para que quepa un cuerpo en el espacio intermedio, como suele ocurrir en muchas tiendas de ropa. Esto evita que su imagen se corte y aparezca un espacio vacío en el centro de su cuerpo. Los espejos unidos en una esquina crean un reflejo extraño que puede eliminarse colocando una planta grande u otro objeto similar en la esquina. De todas formas es preferible colocarlos con un marco y con una separación de unos 30 centímetros de la esquina. Así desaparece por completo la distorsión de la imagen en la esquina.

Los espejos biselados o grabados no crean ningún problema siempre que la mayor parte de la superficie donde nos vemos reflejados sea lisa. El borde actúa como si fuera un marco y puede dar un toque de elegancia a un espejo que de otra forma resultaría común.

Cuando dos bordes de un cristal están sujetos por un raíl, uno delante del otro, como por ejemplo en las puertas correderas de una mampara de ducha o de un armario cualquiera, reflejan imágenes con distinta profundidad. Si todas las mañanas nos reflejamos en este tipo de espejos, la primera impresión que tendremos de nosotros mismos será como las caras de los cuadros de Picasso, divididas en el centro y con una marcada diferencia de profundidad entre la parte derecha y la izquierda de la cara. Esto crea un fuerte desequilibrio que debe evitarse a toda costa. Incluso los espejos de las puertas de doble hoja de los armarios, aunque estén alineados, tienen una línea divisoria que rompe la imagen de nuestra cara y de nuestro *yo*.

Las pequeñas baldosas hechas de cristal que a veces se colocan en la entrada, la sala de estar o el vestidor y reflejan la imagen humana son una auténtica pesadilla para el feng shui porque rompen la imagen en cientos de partes. Deben utilizarse únicamente para reflejar la luz y crear efectos especiales porque resultan muy sorprendentes y llenas de brillo, como ha podido comprobar cualquiera que haya estado en una discoteca. Pero en la entrada son perturbadores.

Además, los espejos deben siempre reflejar cosas agradables –cosas que merece la pena ver, como por ejemplo una buena vista, el cielo, las copas de los árboles, o más luz. Colocar espejos en los que se reflejen lagos o estanques resulta favorable para los ocupantes de la casa. No coloque un espejo frente a la puerta abierta del baño o enfrente del cubo de la basura. Estas energías están muertas o en proceso de descomposición y se intenta sacarlas de la casa y no volverlas a reflejar al interior. En el dormitorio no debe haber un espejo que refleje su imagen mientras está durmiendo. Ya que nuestra energía etérea busca descansar todas las noches, este tipo de colocación puede causar insomnio o falta de descanso. No está mal tener un espejo en el dormitorio pero no debe nunca verse reflejado en él desde la cama. Un espejo que le refleje mientras duerme producirá la expansión de sus vibraciones y el resultado será un sutil debilitamiento de su energía física y un estado de sueño antinatural. Puesto que nosotros estamos formados por vibraciones invisibles, nuestro descanso está condicionado por las reunión diaria de estas energías.

Los espejos en las habitaciones cumplen su función primordial cuando son ovalados o redondos porque crean una imagen más suave que los que tienen ángulos rectos, bien sean cuadrados o rectangulares. Los círculos y los óvalos sólo tienen una suave línea circular; los cuadrados o rectangulares crean conflictos mayores, especialmente en un espacio pequeño, cuando los bordes convergen con las esquinas.

Nuestra aura, el campo vibratorio que existe a nuestro alrededor, es de forma esférica. Un espejo que refleje nuestra imagen resultará más natural si se ajusta a esta forma. La intersección de dos líneas, como las que forman la esquina de un cuadrado o un rectángulo, crea un cruce en el espacio, al contrario que la línea constante de un círculo o un óvalo.

Cuando se utilizan espejos como cura en el feng shui, si se colocan adecuadamente, pueden crear la sensación de que sólo hay una pared en ese espacio. Los espejos se utilizan para eliminar del bagua los espacios negativos. Cuando falta algo, es decir, cuando en el plano de una casa hay una parte del bagua que no existe como espacio real, al colocar un espejo en la pared de la habitación que bordea este espacio negativo se convierte este espacio en una proyección. Como consecuencia, algo que faltaba tanto en el espacio como en la vida, reaparece en ambas.

En la siguiente ilustración, la casa de las Relaciones tiene un espacio negativo. Si se coloca un espejo en alguna de las dos paredes que bordean este espacio se creará la imagen de que hay algo allí simplemente reflejando otras partes de la habitación. Esta cura atrae la energía de la Tierra, que simboliza las asociaciones, el matrimonio y las cualidades receptivas.

Los espejos permiten el flujo de energía. Colocar espejos a ambos lados de la puerta principal o de la entrada puede atraer un nuevo flujo de energía en su vida. Al contrario, si una puerta se abre directamente a una pared, como en los diseños europeos del siglo XIX que intentaban asegurar la privacidad de

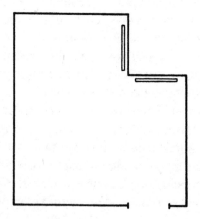

la vivienda, o si una esquina da sensación de agobio, es signo de que el chi está estancado y no puede fluir con libertad, el equivalente en el feng shui de la mala circulación. Colocar espejos enfrente de una abertura creará una sensación de profundidad, por ejemplo en una puerta interior que da a una pequeña entrada o enfrente del último peldaño de una escalera que termina cerca de una pared. Una de las áreas más comunes en las que se producen estas faltas de profundidad es la cocina, y en especial detrás de la encimera. Colocar un espejo, aunque sea pequeño, para dar sensación de profundidad en vez de mirar hacia una superficie lisa, permitirá que se libere la energía bloqueada y el área tenga más luz. Esta cura es ideal para los cocineros cansados que se sienten atados a la cocina a diario o para el ocupante solitario de un apartamento al que nadie viene a visitar. Además, esta colocación dobla simbólicamente el número de fuegos en la encimera y este realce trae buenos augurios y fortalece la salud y la prosperidad. En una entrada estrecha o un espacio pequeño, los espejos sirven para *extender* el espacio. El pequeño café de barrio que sólo tiene espacio para ocho mesas puede parecer que tiene el doble o el triple de clientes si se saben colocar adecuadamente los espejos. Los restaurantes pueden parecer menos abarrotados y más relajantes si las imágenes se extienden. Cuando un pasillo parece demasiado estrecho o limitado es mejor colocar un espejo a lo largo de una de las paredes que colgar un cuadro de naturaleza muerta, que definiría los límites en lugar de extenderlos.

Los espejos convexos se han venido usando desde hace muchos años para extender la energía de las entradas de casas y apartamentos. Un espejo convexo de forma redonda se coloca directamente enfrente de la entrada. Ya que resulta muy difícil ajustarse la corbata o ponerse el maquillaje en un espejo convexo, esta colocación está evidentemente elegida para extender la luz y la energía, no para reflejar las caras humanas.

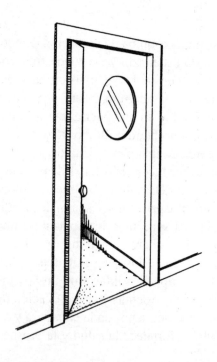

ESPEJO CONVEXO

También puede utilizarse un espejo para *definir espacios*, como ocurre con algunos planos de oficinas. Una serie de espejos colocados en fila en una pared junto con plantas utilizadas como objetos divisorios, hacen innecesario el uso de paredes o particiones sólidas para definir un área concreta. La imagen reflejada en el espejo se extiende y se define mediante su colocación.

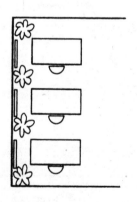

Una cura poco común, aunque efectiva, de los espejos en el feng shui se produce cuando se proyecta una poderosa energía hacia abajo sobre una casa, un apartamento o una oficina. La fuente de esta energía puede ser una gran antena de televisión, un rascacielos o una torre con un tanque de agua. La energía que empuja hacia abajo debe revertirse y enviarse hacia arriba, disminuyendo esta fuerza opresora y haciéndola inofensiva. Colocar un espejo cóncavo en lo alto del edificio, en la terraza o en el muro exterior de la casa invertirá la imagen, dispersando y neutralizando su efecto. Las bolas hechas de plata, de aluminio o de cristal reflejan la energía alejándola, y deben utilizarse en lugar de los espejos cuando hay un chi negativo o un corte de chi orientado hacia la puerta. El efecto de techos de líneas acusadas, esquinas de edificios cercanos u otros objetos de la calle, incluyendo calles que van a dar directamente a una casa o una oficina pueden dispersarse sin peligro y eliminarse colgando ciertos objetos de las ventanas. La posición ideal de estos objetos es ligeramente por encima de la línea de los ojos en un ángulo de unos 15°.

En el feng shui se suele utilizar con frecuencia un pequeño espejo que muestra el bagua y los trigramas del *I Ching,* como es tradicional en el Lejano Oriente. Dispersa la energía negativa que llega hasta la casa de la misma forma que se utilizaba el Ojo de Dios, el mandala y otros objetos de este tipo para ahuyentar maleficios y guardarse del mal. Desde el punto de vista del Principio Unificador, todos estos objetos sirven para lo mismo: reflejan la imagen y la envían hacia donde vino mediante el color, la luz, la forma o cualquier otro método para extender las vibraciones. El uso adecuado de esta cura depende enteramente de los gustos estéticos de la persona que lo utiliza y de la comprensión de la energía del chi, nunca de fuerzas secretas y místicas simbolizadas por el espejo del bagua, el mandala o el Ojo de Dios. De hecho, si utiliza algo que no está de acuerdo con sus propios gustos estéticos puede causarle más problemas. Para practicar el feng shui no es necesario que su casa parezca un restaurante chino, lleno de campanillas de

viento y espejos de bagua, a menos que estos objetos estén en perfecta armonía con su ambiente o los haya elegido como un elemento de decoración. Los principios de la energía y el cambio no están limitados por las culturas y están presentes en todas las filosofías tradicionales.

Caso

Problema: La señora S., muy culta y refinada en todos los aspectos, vivía en una bonita casa victoriana llena de antigüedades, que había heredado de su abuelo, antiguo miembro del Parlamento de Gran Bretaña. Un íntimo amigo informó a la señora S. de que su puerta principal estaba siendo atacada por fuerzas negativas conocidas como cortes de chi porque vivía en el extremo de una calle en forma de T.

Solución: Dispuesta a corregir el problema, la señora S. pidió consejo a un amigo, que le dio un espejo chino de bagua con los ocho signos del trigrama dispuestos a su alrededor. Le aconsejó que lo colocara en la puerta principal. Unas semanas después y no muy convencida de que esto resolvería el problema, empezó a desesperarse por el efecto que tenía este espejo en su puerta principal y buscó el consejo de un experto en feng shui intuitivo. Al ver el espejo, el experto preguntó la razón por la que lo había colocado allí. «Porque hay un corte de chi que llega justo hasta mi puerta», respondió ella, preguntándose por qué el experto hacía una pregunta tan tonta cuando la energía negativa resultaba tan evidente. «Sí, eso ya lo veo –contestó él–, pero ¿qué ha ocurrido desde que lo colocó aquí?» Bajando la voz y con tono distinto, la señora S. confesó: «para serle sincera, lo único que he notado es que todo el que para por aquí me pregunta qué está haciendo eso ahí.»

Resultado: El experto explicó a la señora S., de pie frente a él vestida con un traje azul oscuro, una pulcra camisa blanca con cuello de lazo y un collar de perlas al cuello, que esa cura estaba totalmente fuera de lugar. Cuando entró en su casa encontró maravillosos muebles de época, todos de origen muy

británico. La recomendó que quitase el bagua y pusiera en su lugar una aldaba de bronce brillante, convexa y bien pulimentada, que, además de armonizar mucho mejor con el ambiente, protegería su casa. La señora S. estaba encantada con la nueva y elegante decoración de su puerta principal. Ésta era una cura que se ajustaba a su estilo y tenía sentido en *su* mundo.

> ¡Todas las fuerzas curativas deben venir del interior, no del exterior!
> Las aplicaciones del exterior deben crear en el interior fuerzas mentales y espirituales coordinadas.
>
> Edgar Cayce

Cristales

Un cristal reluciente es una llamarada de luz, ¡un arco iris de colores! Para jóvenes y mayores el cristal es igual de mágico. Desde los primeros tiempos los seres humanos han quedado fascinados por el mundo mineral, ¿y por qué no creer que nosotros mismos estamos formados por millones de elementos cristalinos, minerales en nuestras células que brillan en lo más profundo de nuestro cuerpo como los cuerpos celestes que hay por encima de nosotros. Nuestra fascinación por las estrellas, los planetas y el espacio exterior es paralela a la búsqueda cósmica de nuestro interior.

Los cristales poseen una capacidad extraordinaria para *activar la energía*. Al ser elementos vivos, estos minerales empezaron a surgir como vehículos de curación, poder, buena suerte y sabiduría espiritual. La actual fascinación con el mundo mineral no es nada nueva; la mayoría de las culturas han comprendido en profundidad la relación existente entre el hombre, la tierra y sus elementos.

Existen dos tipos totalmente distintos de cristales en el feng shui, y ambos pueden utilizarse como curas para activar el chi. El primero es el de los *cristales transparentes*, normalmente tallados, el más común de los cuales es el diamante. Desafortunadamente son los más caros. Los diamantes están cargados de significado, como por ejemplo amor, matrimonio o cual-

157

quier ocasión tan elevada que los consideramos insustituibles. Han estallado guerras debido a estos objetos preciosos y en la historia particular de cada uno de ellos se acumulan incontables relatos de intrigas, conquistas y muertes.

En los tiempos más remotos, cuando los reyes y las reinas paseaban por los pueblos luciendo sus coronas, sus cabezas de hecho estaban adornadas con una especie de bagua ambulante –su presencia actuando como el Tai Chi–. A donde quiera que fueran, ellos eran el centro. La corona octogonal, llena de piedras talladas de todos los colores, servía de símbolo de su poder espiritual y de su control. El hombre sabio, el mago, solía llevar una vara con un cristal redondo en el extremo, otro símbolo de sus poderes mágicos sobre las almas mortales que le pedían consejo. Hoy en día, algunos expertos en feng shui, como los magos de antaño, emplean los mismos elementos cuando hacen su trabajo.

Para aquellos que tienen recursos ilimitados, no existe una cura más poderosa en feng shui que un diamante adecuadamente colocado para activar el chi en cualquier ambiente. Pero muy pocas personas pueden colgar diamantes de las ventanas, así que un cristal transparente es una alternativa perfectamente aceptable. Los cristales colocados sobre pies o bases en mesas auxiliares o estanterías producen los mismos resultados.

El brillo que producen las lámparas de araña en el centro de un gran salón de baile nos atraen hacia su luz. El cristal que cubre la llama de un pequeño quinqué sobre la mesa hace que la llama brille e ilumine el espacio de una forma muy especial. Un péndulo en forma de lágrima o una bola de cristal tallada colgada en una ventana refleja la luz y produce rayos de colores que inundan la habitación. Todos estos ejemplos sirven para activar el chi.

En algunos casos pueden utilizarse cuando aparece un espacio negativo y no es posible colocar un espejo porque hay una ventana. En lugar de utilizar un espejo, cuelgue un cristal en el centro de la ventana. Activará el chi y lo introducirá en la habitación de la que faltaba y en la vida de los ocupantes.

Lo mejor es elegir cristales simétricos tallados total o parcialmente en forma de bolas, rombos o lágrimas, en lugar de otros con formas más artísticas, como caballos o cisnes, que cumplen más el papel de objetos de adorno. Los cristales asimétricos pueden crear desequilibrios. En la mayoría de los casos un pequeño cristal, no más grande que una cereza, será suficiente para conseguir el efecto deseado. La bolas de cristal tallado del tamaño de pelotas de tenis pueden utilizarse en comedores con capacidad para cien personas, no para diez. Los cristales demasiado grandes pueden producir ondas electromagnéticas de luz que vibran con tal intensidad que le harán cambiar constantemente bombillas fundidas o fusibles en lugar de producir una energía armoniosa en la habitación.

También pueden colocarse cristales pequeños en lugares donde no hay una ventana con el fin de activar la energía de una determinada casa del bagua. Incluso el brillo más débil que produzcan atraerá la energía hacia esa área, activando inconscientemente la energía también en ese aspecto de su vida.

El segundo tipo de cristales que se utiliza en el feng shui es el de los que están hechos con minerales en bruto, tales como la amatista, la turmalina, la rosa de cuarzo, etc. Estos minerales orgánicos tienen una carga especial que puede asociarse con los distintos órganos, sentimientos o elementos de nuestra vida. Después de un estudio detallado de sus propiedades, quizá usted quiera utilizarlos como alternativa a los cristales para cambiar las vibraciones de su mundo. Son extremadamente poderosos y es muy importante que sepa que deben cuidarse y tratarse con respeto. Se deben limpiar todas las semanas en agua corriente *sin sal*, que podría causar daños microscópicos, y dejar secar al aire y, si es posible, al sol. Se ha escrito mucho sobre las características poco comunes de estos cristales y los cuidados que necesitan. Cuando actúan como curas en el feng shui, los cristales grandes de este tipo deben colocarse sobre estanterías o repisas o al lado de la cama, para activar el chi en esa área. También existen otros efectos que no se relacionan específicamente con la posición de los cristales, sino con las características inherentes a ellos, que puede investigar en profundidad si está interesado.

Los cristales que se usan como joyas afectan al campo vibratorio que hay alrededor del cuerpo. Si se llevan constantemente pueden crear una energía muy especial. Si los utiliza convenientemente, puede llegar a descubrir las sutiles y poderosas cualidades curativas que poseen. Sin embargo, también es posible que por no saber el efecto que tiene una joya en particular, puede estar creando un ligero desequilibrio al utilizar un collar o una pulsera constantemente. Experimente con la energía de los cristales. Compruebe como uno de ellos le «carga» de energía mientras que otro parece absorberla.

LOS CRISTALES Y EL TAI CHI

Es posible colocar un cristal en cualquiera de las ocho áreas del bagua, o incluso varios en distintas áreas. Pueden utilizarse de manera efectiva por sí solos o bien junto con otras curas del feng shui. No obstante, cuando coloquemos un cristal en el Tai Chi, lo mejor es retirar de los alrededores las demás curas, por ejemplo los espejos o las campanillas de viento, porque combinados crearán un mayor desequilibrio en lugar de resolver el problema. Si lleva varios meses tratando de cambiar algún aspecto del bagua con diferentes curas pero sin resultados aparentes, coloque un cristal en el Tai Chi y cambiará todo el bagua, haciéndolo rotar imperceptiblemente a la vez que el cristal da vueltas sobre su eje. Esta cura tiene mucha fuerza y suele producir notorias transformaciones en el chi y en la vida de los ocupantes de la casa. Pero sólo debe utilizarse como último recurso para producir el efecto deseado.

La lámpara del cuerpo es el ojo. Por tanto, si tu ojo estuviese sano, todo tu cuerpo estaría luminoso.

San Mateo, 6 (22)

160

Luces

El Principio Unificador busca la unión de los contrarios. Los maestros espirituales desde Lao-Tse hasta Jesucristo y las escrituras sagradas desde el Corán hasta *Pearls of Wisdom,* hablan de unir los «dos ojos del hombre» en uno, y con ello conseguir la iluminación. En el feng shui, *la luz es energía,* y la posición de los puntos de luz en una casa no sólo cambia el ambiente o el carácter de una habitación sino que además realza los aspectos simbólicos relacionados con la casa del bagua en la que están instalados.

Se puede utilizar la luz como cura de muchas formas distintas. Los reflejos, las sombras y las bombillas demasiado brillantes pueden crear desequilibrios en un ambiente. En cambio con la luz indirecta, los puntos de luz pueden estar escondidos pero la luz que crean puede llenar una habitación. Este tipo de iluminación se controla con mayor facilidad y tiene un mínimo de efectos negativos. Los recientes estudios sobre enfermedades emocionales causadas por la falta de luz nos muestran que añadir luz a un lugar oscuro puede tener profundos efectos curativos. La nueva tecnología nos ofrece instrumentos que corrigen el espectro y el color de la luz y reemplazan a los anticuados tubos fluorescentes que producen sombras pálidas y fantasmales en siniestros pasillos.

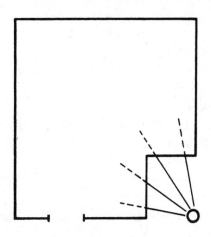

Si se ha encontrado un espacio negativo, es posible volver a introducir esta área dentro del bagua mediante la utilización de la luz. Pero sólo si esta zona está fuera de la casa o la oficina y el ocupante puede colocar un punto de luz en la esquina imaginaria creada por la estructura existente. Lo ideal es que se coloque la luz de forma que llene el espacio negativo.

En este ejemplo, un foco de luz exterior sobre un poste o una pared y dirigido hacia el interior de la habitación iluminará el área del Cielo que falta. Con ellos se activarán los Amigos Generosos, casa donde se encuentra este espacio negativo.

Los puntos de luz colocados en el suelo o en el techo cerca de una pared se pueden utilizar para llenar de luz dicha pared y dar energía a toda esa área. Las luces con focos dirigibles son muy efectivas para iluminar plantas, cuadros, objetos de arte y otros elementos de la habitación. Las luces indirectas eliminan los reflejos y suavizan la luz del ambiente, además de proporcionar la luz necesaria para objetivos específicos con muy buenos resultados.

Para mucha gente no existe una luz más romántica que la de las velas. Las velas de cera blanca o de cera natural son las mejores para este fin; las de colores producen ambientes menos armoniosos.

Cualquier área del bagua, incluso la que no tiene espacios negativos, se verá afectada por la luz. Si desea activar o cargar de energía un área determinada, coloque una lámpara de pie o de mesa en el área que quiere «curar» y, sobre todo, si resulta evidente que esa zona necesita mayor brillo.

Objetos brillantes

Los espejos, los cristales y las luces son «objetos brillantes» y se utilizan para aumentar la energía positiva activa. A veces se añaden objetos brillantes que pueden reflejar cosas a la belleza del diseño artístico y la suavidad de la tela, además de la posibilidad de una amplia gama de colores, en contraposición a los que están hechos de cristal o metal. En este caso están por ejemplo los tapices tradicionales o modernos que incluyen en su diseño pequeños círculos brillantes, lentejuelas cosidas a la tela o colgaduras tejidas con hilos brillantes, de aluminio o con motas brillantes como parte del diseño. Colocar estos objetos brillantes en una pared puede resultar una cura muy efectiva para un espacio negativo o puede utilizarse para activar la energía de una determinada casa del bagua. Incluso una fotografía de una cascada o un arroyo de montaña en blanco y negro o en color puede considerarse un objeto brillante, y activará el chi.

Campanillas de viento

Además de comprender que la posición correcta de cualquier objeto en un ambiente determinado influirá en el mundo de las vibraciones, los ocupantes de una casa o una oficina deben considerar el papel fundamental que juegan las ondas sonoras en el feng shui. Una de las curas más clásicas, las campanillas de viento, sirve para moderar o cambiar el flujo del chi y marcar el punto donde convergen dos energías muy diferentes. Por ejemplo, estos objetos se suelen colocar en la entrada prin-

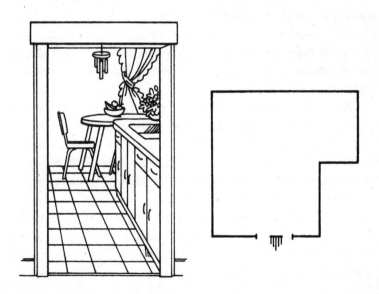

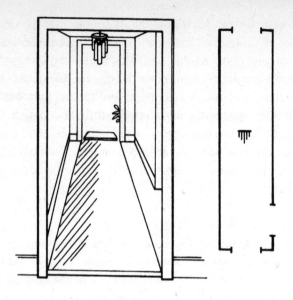

cipal de un restaurante o una tienda. El propósito va más allá de anunciar la visita de un cliente; de hecho la corriente de aire suele producir una respuesta bien audible, anunciando con sutileza a todo el que entra que «deja el tráfico y el ruido de la calle y entra en el silencioso y refinado ambiente de un buen establecimiento; por lo tanto baje la voz y modifique su energía». También suelen colocarse entre la cocina y el comedor de un restaurante o una casa con el mismo propósito de diferenciar energías.

Existen campanillas de viento de formas, tamaños y materiales muy diferentes y los sonidos que emiten tienen tonos, cualidades y armonías distintas. Como las ondas sonoras resuenan de manera diferente para cada individuo, los sonidos de las campanillas deben escucharse siempre antes de comprarlas y colocarlas. Tenga mucho cuidado al comprarlas por correo. Su aspecto puede ser mucho mejor que su sonido. La mejor campanilla será la que le suene mejor a *usted*. La belleza reside tanto en los ojos como en los *oídos* del que la admira.

164

En las casas en las que la puerta trasera está directamente enfrente de la puerta principal y en el espacio intermedio no existe ninguna obstrucción o ningún mueble que rompa el flujo de energía, se debe colocar una campanilla en cualquier lugar adecuado para evitar y moderar que la fuerza vital que entra por una puerta escape por la otra. Si hay pasillos largos o corredores, en especial con muchas puertas o arcos, colocar una campanilla en medio de algunas de las aberturas moderará la energía y transformará suavemente un largo túnel en varias zonas de paso.

Al igual que las otras curas utilizadas para tratar casas específicas del bagua, las campanillas de viento tienen un efecto moderador similar cuando se colocan en una habitación. Esto resulta de especial ayuda cuando la energía de una casa se ve afectada negativamente por las circunstancias de la vida de los ocupantes. Por ejemplo, si usted se ve sumido en una disputa familiar con sus padres o una discusión constante con su pareja, coloque campanillas en las casas del Trueno y la Tierra y le ayudarán a cambiar la energía y pacificar las fuerzas opuestas.

Estos objetos también se utilizan de dos formas diferentes para protegerse de la energía negativa que entra en una oficina o una casa. La primera consiste en colocar una campanilla de viento o una normal en la ventana que esté delante de la entrada de esta fuerza, cambiando así la forma en la que los ocupantes reciben esta energía. Al contrario que la bola plateada que refleja y dispersa la energía, las campanillas de viento cambian la energía y reducen su negatividad pero no la eliminan del todo. Esta solución es ideal cuando los vecinos escuchan música muy alta o el bar cercano hace mucho ruido. Estas son energías naturales y vivas, aunque molestas, por lo tanto reducirlas o moderarlas con una campanilla resulta más apropiado que repelerlas con una bola plateada.

Otros sonidos o ruidos

Los sonidos irritantes o electrónicos como el de las puertas de los ascensores cuando se dejan abiertas demasiado tiempo pueden crear energías discordantes que irritan el sistema nervioso. Algunos despertadores son muy efectivos por esta misma razón: ¡no podemos esperar para parar semejante sonido! Pero cuando pasamos por una puerta que tiene un láser y se produce un irritante y agudo silbido, cualquiera que esté cerca preferirá el sonido natural de una campanilla a su alternativa electrónica.

La música ha sido durante mucho tiempo considerada una forma eficaz para alterar la conducta y puede incluirse junto con las campanillas como forma de alterar también el mundo vibratorio del espacio. Cuando se prolonga una discusión con el padre o con una persona mayor, y el aparato de música de su casa está colocado en la casa del Trueno, puede resultar mucho más beneficioso cambiar la música de rock discordante y poner un pacífico nocturno o una canción tradicional, que colgar allí una campanilla. El feng shui es una forma de examinar todo aquello que afecta a los sentidos, por tanto es fundamental ser tan consciente de la importancia que tiene la música y el sonido como de la armonía del color y la luz.

Tanto las frecuencias vibratorias altas como las bajas, que normalmente no se oyen hasta que cesan, pueden producir gran estrés e irritación en los ocupantes de una casa o una oficina. La mayoría de los ruidos ambientales vienen de aparatos eléctricos, equipos de ventilación y electrodomésticos. Los compresores de las neveras se encienden y se apagan más de una docena de veces al día; los ascensores, los calentadores y los ordenadores emiten constantes zumbidos, chasquidos y rugidos, tan imperceptiblemente que no los notamos hasta que no paran cuando nos sentamos en otro sitio y nos sorprendemos ante el verdadero silencio detrás del ruido.

Las máquinas que emiten sonidos naturales, como el agua de un río u otros fenómenos naturales, enmascaran estos ruidos irritantes pero no siempre los neutralizan. Los ambientes en los que hay ruidos de este tipo pueden suavizarse colgando tapices suaves en las paredes o colocando plantas que absorban y equilibren estas energías antinaturales. Aunque los efectos de la radiación ambiental están ya muy documentados, estamos empezando a comprender ahora lo dañina que resulta para la salud la presencia constante de ondas sonoras extremas.

Plantas

No existe un método mejor para armonizar los ambientes interiores y exteriores que incluir plantas en la decoración de interiores. La forma, la simbología, la luz y el color son elementos fundamentales a la hora de elegir la planta adecuada. Por regla general todas las plantas vivas atraen la energía positiva hacia una habitación y ayudan a estimular la actividad en la casa correspondiente del bagua. Pero hay excepciones en cada cultura. Las creencias y las preferencias de los ocupantes deben siempre tenerse en cuenta. No hacerlo pueden conducir a enfrentar las preferencias de la China antigua con otros tabúes culturales.

CASO

Problema: La señora H., esposa de un industrial griego, estaba reformando su casa palaciega en una finca a las afueras de Atenas cuando oyó hablar del feng shui. Consiguió contactar con un maestro de feng shui en Hong Kong y le envió un plano detallado de la casa. Cuando recibió su respuesta, ordenó a los decoradores y jardineros que siguieran las directrices del maestro, entre las que se incluía plantar una línea de árboles del caucho entre la casa y la piscina. Durante las semanas siguientes, todo el equipo se despidió, y para sorpresa de la señora H. la gran celebración que tenía planeada tuvo que cancelarse, no sólo por la falta de ayuda sino también porque los invitados «tuvieron que cambiar sus planes en el último minuto» y cancelaron su asistencia.

Solución: La señora H. llamó a un experto en feng shui intuitivo para que revisara el diseño. Sospechando que la elección de las plantas podía estar muy influenciada por la cultura, el experto se puso en contacto con el familiar de un amigo

167

que era de origen griego. Éste le dijo que los árboles del caucho traían mala suerte, creencia que estaba en total oposición a la tradición china, que los considera de muy buen augurio. Investigando el asunto más profundamente, la señora H. descubrió que su jardinero jefe le había ocultado esta información por respeto pero que todos sus compañeros estaban asustados por lo que podría pasar una vez plantados los árboles. Y lo que es más, los empleados del vivero en el que se encargaron las plantas estaban tan estupefactos ante la idea de que una familia tan respetable pudiera hacer eso que empezaron a murmurar sobre los problemas seguros que caerían sobre esa casa. Los jardineros de otras casas oyeron la triste historia y la exageraron hasta proporciones catastróficas, y se lo dijeron a los empleados de la señora H. En poco tiempo corrían historias sobre la mala fortuna que caería sobre la casa, así que todos decidieron declinar la invitación a la fiesta antes que arriesgarse a sufrir la mala suerte.

Resultado: La señora H. se reunió con sus antiguos empleados y les explicó lo que había ocurrido. Ellos retiraron los árboles y los sustituyeron por matorrales de flores, que simbolizan la paz. La corrección se empezó a extender por los círculos de murmuraciones del lugar y un mes después se hizo una gran fiesta en la que estaban presentes todos los empleados y la lista de invitados acudió al completo.

Las plantas vivas son un complemento maravilloso para cualquier casa del bagua que necesite reforzarse o mejorar. Pero es necesario elegirlas con cuidado porque si no pueden producir deterioros de la energía a medida que crecen. Las plantas más grandes tienen más chi.

- Las plantas colgantes, las enredaderas o las parras deben cuidarse bien porque de otro modo pueden dar la sensación de elementos invasores más que de decoraciones de bienvenida.
- Las hojas puntiagudas de las palmeras y otras plantas semitropicales necesitan mucho espacio para impedir que

su energía cortante traspase la mente de una persona sentada en una silla o un sillón cercano.

- En zonas pequeñas, las plantas con hojas redondeadas producen menos cortes de chi y por lo tanto menor incomodidad.
- Tenga cuidado con los cactus en zonas muy llenas; los cactus crecen en las amplias zonas de desierto y por tanto son inapropiados para esquinas estrechas. Sus pinchos envían ondas inconscientes de ansiedad a los que están cerca.
- Las flores secas, incluidas las que tienen las hojas amarillentas o verdes, son apropiadas dependiendo de la estación. Deben evitarse en los meses de primavera y verano.
- Las plantas artificiales, ya sean de plástico o de otro material, deben evitarse siempre a menos que no haya otra alternativa. En estos casos –por ejemplo si no hay una fuente de luz o los ocupantes sufren fuertes alergias a las plantas– los sustitutos artificiales deben ser de la mejor calidad y colocarse fuera del alcance de cualquiera.

Una planta bonita en una maceta o en una cesta colgada del techo puede transformar un ambiente lleno de presión en uno pacífico, porque proporciona oxígeno e iones negativos al ambiente. Regalar plantas bonitas o flores naturales como muestra de gratitud o amistad es mucho más positivo que regalar una caja de bombones.

Agua

El agua, como fuente real y simbólica de la vida, es un elemento fundamental en el feng shui. Nuestra evolución biológica empezó en el agua salada y nuestra existencia anterior a la vida en el exterior depende de la calidad del ambiente líquido del vientre de nuestra madre. En este capítulo exploraremos la simbología del Agua: el agua como elemento de decoración y como cura en el feng shui. Es muy importante comprender bien ambos conceptos.

El Agua es la *vida* y debe fluir hacia nosotros sin ninguna obstrucción.

En las primeras culturas, en las que la posición dependía del sentido común y la necesidad de agua fresca era esencial para la vida, las casas se construían siempre cerca de fuentes de agua y la puerta principal se orientaba hacia el lugar de donde el agua fluía. Las energías subterráneas, al igual que las del mundo vibratorio, traían por tanto energía positiva y fuerza vital a los ocupantes, que en consecuencia gozarían de buena fortuna. Para realzar esta energía, o para introducirla allí donde faltaba, los dueños de las tiendas colocaban una fuente pequeña o un riachuelo cerca de la entrada de sus tiendas, siendo siempre la dirección del agua paralela al camino que llevaba hacia la entrada. Este tipo de colocación es muy frecuente en los vestíbulos por donde entran los clientes de los restaurantes orientales.

En el feng shui clásico, el agua simboliza la buena fortuna. Los acuarios son muy comunes y suelen colocarse cerca de la caja registradora de las tiendas y los restaurantes porque aumenta la riqueza.

El agua no corriente pero limpia puede ser muy útil para equilibrar la negatividad en ambientes donde está presente la confusión y la tensión. El agua neutraliza la energía opuesta del Fuego y se utiliza como cura para ambientes que están muy cargados como resultado de elementos conflictivos humanos o de diseño. La naturaleza pasiva y refrescante del agua neutraliza el exceso de energía de Fuego.

Pero además, el agua tiene la capacidad de *activar la energía*, por ejemplo con la instalación de una pequeña fuente o una escultura en agua. Esto puede hacerse en todas las casas del bagua. Un acuario burbujeante con peces de colores es un buen ejemplo de esta «doble» cura, que incorpora tanto el simbolismo de la buena fortuna contenida en el tanque de agua como la actividad expresada en los peces vivos.

El sonido del agua puede ser también muy refrescante, como ya han mostrado algunos estudios sobre el tema, y sirve de ayuda en un ambiente con excesivo calor. Este ejemplo es una vez más signo de la neutralización del exceso de Fuego mediante el Agua.

Otro sistema para activar la energía que falta es colocar una pila de baño para pájaros en el jardín de la casa, en especial si el área es un espacio negativo. Pero si no se cuida adecuadamente, la cura puede crear estancamiento y confusión a la vez que el agua se llena de hojas y suciedad. Las instalaciones de agua que se mantengan dentro de casa deben mantenerse siempre limpias por la misma razón. La colocación de elementos de agua de cualquier tipo debe evitarse siempre en la esquina noreste de la casa.

Animales

Los perros, los gatos y otros animales domésticos que tenemos en casa o en la oficina pueden atraer una energía muy especial relacionada con nuestras propias percepciones. El «mejor amigo del hombre» puede ser considerado por otras personas como poco más que una molestia maloliente; una bonita y rara cacatúa, por ejemplo, puede ser percibida por sus invitados como una fuente de malos olores. Vuelva a leer la página de primeras impresiones del capítulo 6 para comprobar lo que perciben otras personas cuando entran en su casa, que usted no es capaz de ver.

Analice el simbolismo relacionado con los animales que tiene en casa. Si tiene problemas para encontrar pareja y el cojín preferido por su perro está en la casa de la Tierra, es conveniente que busque otro hogar para su perro Fido. Los animales tienen una capacidad extraordinaria para detectar las vibraciones y estarán siempre allí donde hay buena energía aunque no sea visible. Un perro o un gato que buscan un lugar para tumbarse fuera de la casa no sólo buscan el sitio más cómodo sino que además detectan el lugar donde hay un buen chi proveniente de la Tierra. Los ratones que abandonan un barco anclado en el puerto o una casa sin ninguna razón aparente sienten que se acerca algún peligro. Muchas veces su salida está provocada por una catástrofe inminente.

171

No es necesario que reemplacemos a nuestros animales domésticos por curas simbólicas de feng shui. Simplemente debemos tener en cuenta cómo influyen en el nivel vibratorio y simbólico de nuestra casa o nuestra oficina, así como en el nivel práctico.

Objetos de arte

Si hubiera un principio operativo válido para elegir los objetos de arte para decorar una casa o una oficina, éste debiera ser el «Yo no sé nada de arte , pero sí sé lo que me gusta.» No importa si el cuadro que usted cuelgue en la pared es una flor «abstracta» que ha pintado su hijo de cuatro años o un jarrón de girasoles de Van Gogh; el tipo de arte que seleccione aumentará la energía y la estética del lugar, además de su simbolismo e intencionalidad.

Si cuelga un bonito cuadro de un torero en la casa del Trueno, no se sorprenda si empieza a tener problemas con sus padres; de igual forma, si quiere estimular la energía de las relaciones o el matrimonio, representados en el bagua por la casa de la Tierra, le será útil colocar objetos artísticos que simbolicen parejas o otros con imágenes especialmente bonitas. Retire el candelabro desparejado o la foto del hombre solitario en la playa si están colocados en la casa de la Tierra, aunque sean objetos de gran calidad artística. El arte es la expresión externa de nuestro mundo interior.

La energía visual del arte puede llegar a tener una gran influencia en la forma de la que experimentamos en ambiente que nos rodea. Estar rodeados de fotografías de pájaros en pleno vuelo, globos aerostáticos o cometas, o de altas palmeras, eleva nuestro chi. Los óleos de paisajes y océanos expanden el chi de una habitación. Un cuadro de naturaleza muerta tiende a ser más bidimiensional y es útil cuando queremos interiorizar la «profundidad». Las piezas abstractas y modernas que no tienen un enfoque claro crean un ambiente en el que a los ocupantes les puede resultar difícil completar sus proyectos.

Las esculturas de metal o madera pueden parecer sólidas o

delicadas y deben elegirse teniendo siempre muy claro su simbolismo. Las extensiones con picos afilados pueden crear cortes de chi y es necesario colocarlas con cuidado. Las superficies suaves, los detalles, las decoraciones complicadas y otras características afectarán al modo en el que percibimos la pieza de arte en relación con nuestras vidas. En el capítulo 12 se estudia la forma en la que los colores de los objetos artísticos influyen tanto en nuestro interior como en el exterior.

Objetos sólidos y pesados

La dependencia del hombre del sentido de la vista hace que no agudice el resto de los sentidos. No es muy raro descubrir que los músicos u otras personas que han desarrollado especialmente el sentido del oído son ciegos o tienen una visión limitada. Muchos de los grandes compositores de la Historia son ciegos, y también lo son un gran número de afinadores de pianos. Una persona con visión a la que se le pone una venda en los ojos, debe empezar a ver con los demás sentidos para compensar su falta de visión.

Los objetos sólidos de nuestro alrededor dirigen la energía *hacia abajo* y *hacia adentro*. Utilizadas como curas para una casa del bagua en particular, una masa sólida y pesada «enraizará» aquello que ya está ocurriendo o estabilizará una situación precaria. Si su trabajo corre peligro o sus relaciones se cuestionan, le ayudará mucho colocar un sillón bien relleno en el área del Agua o de la Tierra respectivamente. Por el contrario, cuando en su vida hay algo «fijo» e inamovible, como una roca, busque lugares de su casa o su oficina donde se pueden encontrar objetos pesados que puedan estar contribuyendo a esta situación.

La masa crea ondas vibratorias. Cuando se está de pie en medio de una habitación con los ojos vendados se puede apreciar la diferencia entre un objeto inmenso, como por ejemplo un bloque sólido de metal del tamaño de un piano, y otro ligero y poroso, como por ejemplo una cesta llena de plumas. Aunque el volumen de los objetos sea el mismo, las ondas de energía que se crean alrededor de su forma física son muy diferentes.

El mundo invisible de las vibraciones es el primero en avisarnos de lo que son los objetos sólidos y pesados. Después, por medio de la visión, procesamos lo que sabemos que es cierto y profundizamos en nuestra percepción del peso, la densidad y las demás cualidades según experiencias pasadas.

Para practicar la forma de percibir las vibraciones sin depender de la visión, intente realizar el ejercicio siguiente.

EJERCICIOS SENSORIALES

Propósito: ayudarle a recuperar su capacidad innata para detectar el mundo de las vibraciones sin el apoyo de la percepción visual.

Vaya con un amigo a un museo grande y lleve una venda que cubra sus ojos por completo. Lleve también papel y lápiz para apuntar los resultados. Una vez dentro del museo, pero antes de entrar en cualquier pasillo, colóquese la venda en los ojos y deje que le guíe su amigo. Utilice la lista siguiente para comprobar sus percepciones:

_____	Sólido, pesado	_____	Hueco, ligero
_____	Arriba	_____	Abajo
_____	Vibraciones vivas	_____	Vibraciones eléctricas
_____	Bloqueado	_____	Sin obstrucciones
_____	Cerrado	_____	Abierto

Aconseje a su guía que le coloque en lugares distintos según su calidad de energía. No es necesario que siga ningún tipo de orden. Por ejemplo, su guía puede llevarle hasta el centro de una habitación donde no haya nada frente a usted y pedirle que «sienta» ese lugar. Después puede llevarle tres pasos más allá hacia una escultura inmensa de bronce o de mármol, por ejemplo una pieza de Rodin o de Henry Moore, y pedirle que «sienta» el lugar sin decirle lo que hay. Luego puede ir hacia un jarrón de flores que hay en el vestíbulo o colocarle delante de una planta alta y a continuación hacia la puerta de un ascensor o un panel de controles eléctricos y allí pedirle que «sienta» la energía que le rodea.

Después pídale a su guía que le conduzca hacia la escalera y le coloque justo antes del primer escalón. La energía que fluye hacia arriba debe percibirse de manera muy distinta que la que fluye hacia abajo. Y esto sólo lo sabrá a través de su percepción visual, no de los demás sentidos.

Por último, deje que le guíe a una esquina en la que se encuentren dos paredes sólidas y vacías. A continuación indique a su guía que le coloque ante una ventana o un balcón que no tenga ninguna obstrucción delante.

Desarrollar los sentidos puede llevar algún tiempo. No se desanime si al principio le resulta difícil distinguir entre arriba y abajo o pesado y ligero. A medida que su ambiente interior y exterior se vaya aclarando se sorprenderá de lo fácil que resulta «sentir» lo que antes parecía que sólo podía experimentar con la vista.

11. ¿Cómo voy?

No subestime el poder de los cambios que pueden producirse como resultado del feng shui. La historia que se relata a continuación le recordará la necesidad de explorar con cuidado y respeto el mundo invisible de la energía y cómo se ve afectado por la colocación de curas en el ambiente.

Al principio de uno de los cursos intermedios de feng shui, se pidió a los participantes que compartieran sus experiencias con el resto del grupo. La clase se llenó de increíbles historias de nuevos romances, ofertas de trabajo, reconciliaciones familiares y riqueza. La mayoría de los estudiantes habían llegado a su casa después del curso de introducción tres meses antes y habían conseguido transformar sus vidas con lo que habían aprendido. Sin embargo un hombre, que parecía muy preocupado después de escuchar el éxito que habían tenido los demás, se levantó y compartió una experiencia muy diferente a la del resto, lo que sorprendió al grupo. «Después del fin de semana de introducción, estaba tan animado que fui directo a casa e hice muchos cambios. En las semanas siguientes mi vida se llenó de desastres. Cambié muchas de las curas pero las cosas parecían seguir empeorando como resultado de lo que estaba haciendo. Uno de mis hijos se cayó por las escaleras y se rompió un brazo; el compresor de la nevera se estropeó y nos costó mucho dinero arreglarlo; mi mujer tuvo una corta aventura con otro hombre; a mí me despidieron del trabajo y hubo un pequeño incendio en mi oficina. Cuando volví al curso me di cuenta de todo lo que había hecho mal y me enteré de cómo volver a recuperar mi vida normal.»

Boquiabiertos, el resto de los participantes le preguntaron sobre los cambios que había hecho. Él repasó una larga lista de cambios que incluían cristales colgados en las ventanas, espejos, campanillas de viento, pintura en las paredes, cambios en el mobiliario, en los cuadros, y otras curas que él había inventado. Admitió no haber limpiado los espacios antes de colocar las curas ni haber prestado atención a las visualizaciones, pero éstas no habían sido las razones por las que todo había ido mal. Al fin un estudiante le hizo la pregunta correcta: «¿Qué era lo que iba mal en un principio?». Él respondió con rapidez: «Ahí estaba el problema; ¡Mi vida era perfecta! Tenía un trabajo estupendo, un buen matrimonio, hijos sanos, buenos ingresos. Pero creía que mi vida podía mejorar». Una mujer mayor se levantó de repente y le gritó: «¡Si no está roto no intentes arreglarlo!».

El hombre de esta historia «cambió» el éxito y la felicidad por lo completamente opuesto: el fracaso y la desgracia. La colocación adecuada de una o dos curas mejorará la vida más feliz y más próspera. Simplemente hace falta tener cuidado si se está cerca de donde se quiere estar y no excederse demasiado. Si se utiliza sin cuidado ni respeto el mundo invisible de las vibraciones, el feng shui puede tener resultados muy poderosos, como muchas otras teorías.

Evaluar lo que ha hecho

Ahora es cuando le puede ser muy útil la lista de prioridades que hizo en el capítulo 4. Concéntrese en las áreas de su vida que le preocupan teniendo muy clara esta lista de prioridades. No sea avaricioso con el dinero, por ejemplo. Si tiene unos ingresos lo suficientemente buenos, no quiera conseguir más. Existen posibilidades de que, al cambiar un área que revela muchas más dificultades, también mejoren otras partes de su vida. ¡Tener una buena relación que lleve al matrimonio puede doblar sus ingresos!

Vaya despacio y coloque sólo una o dos curas cada vez. De esta forma podrá evaluar mejor la causa y la consecuencia. Colgar espejos o cristales por toda la casa puede hacer que cambien las cosas pero le será muy difícil identificar la fuente de la cura. Si comete algún error y coloca una cura de manera incorrecta, la clave se la dará un problema menor. Si el espejo se coloca en un lugar erróneo no es probable que ocurra una catástrofe pero tampoco mejorarán las cosas.

¿Funciona? Cómo saber si está cambiando la energía

Las pequeñas mejoras deberían notarse casi de inmediato, y como muy tarde después de una fase entera de la luna, unos treinta días. En ese momento analice lo que ocurre. ¿Se ha publicado uno de sus poemas después de haber colocado una planta en el área del Agua? Se ha quedado embarazada después de haber colgado un cristal en el área del Lago? ¿Ha conseguido salir del estancamiento en el que se encontraban las relaciones con su padre después de colocar un espejo en la pared del espacio negativo que existía en el área del Trueno? Analice los cambios que se han producido en su vida con una simple reflexión personal.

En los meses siguientes a sus primeros éxitos debe continuar avanzando progresivamente en la lista de prioridades hasta que llegue al final. Tiene que haber una cura o un cambio en cada área del bagua en la que ha encontrado problemas, desequilibrios o dificultades. Cualquier área que usted haya calificado con una B, una C o una D necesita su atención especial, pero siempre empiece por los retos más difíciles.

Cuando las cosas empeoran

Una de las leyes básicas del Principio Unificador nos dice que, en casos extremos, todo cambia hacia su opuesto. Un globo se hinchará hasta que explote. El poder de un país se extenderá hasta que caiga en el colapso. A medida que nos acercamos al final de un ciclo largo, las cosas pueden empeorar hasta que empiecen a mejorar.

Si está seguro de que los cambios que ha realizado son correctos y ha comprobado una y otra vez las pautas que se le dan en los capítulos anteriores, no retire ninguna cura si ve que las cosas empiezan a empeorar. La carta que recibió rechazando su manuscrito no parecerá tan mala una vez que el siguiente editor al que escriba acepte su poesía y le ofrezca un contrato por más dinero. Perder un barco que después se hunde es una bendición, aunque resulta difícil de comprender cuando uno se ha quedado en tierra.

Cuando haya pasado un tiempo, si las cosas no parecen mejorar a pesar del esfuerzo que está poniendo, mire a su *interior*. Las respuestas a los problemas crónicos suelen estar delante de nosotros y es fácil pasarlas por alto. Es mucho más probable que la solución sea algo muy simple que extremadamente complejo. La parte siguiente de este libro ampliará su capacidad de comprensión del feng shui y muchas de las áreas relacionadas con él que pueden suponer grandes diferencias en su vida. No se rinda. La relación que usted tiene con su ambiente puede analizarse desde muchos puntos de vista.

La Ley del Predecesor

Uno de los principios más importantes del feng shui es la Ley del Predecesor: la vibración general de todos aquellos que han vivido antes que nosotros permanece en el espacio y dicta mucho de lo que puede estar ocurriendo. Esta influencia va más allá de la capacidad humana para cambiar las cosas por medios ordinarios como colocar curas y estudiar el bagua.

Si se muda a una casa en la que los ocupantes anteriores estaban divorciados y la pareja que vivió allí antes que ellos siempre estaba discutiendo, entonces las posibilidades de que usted y su pareja tengan dificultades son proporcionalmente mucho mayores que lo que las estadísticas puedan dictar. Si la empresa que ocupaba antes la oficina en la que usted trabaja ahora tenía serios problemas financieros y terminó en la quiebra, entonces el espacio todavía conserva esa energía y será difícil que su negocio prospere.

Por otro lado, si el local que usted está a punto de alquilar estuvo ocupado por un negocio próspero que se vio obligado a buscar un local más grande porque iba a ampliarse, el espacio que deja también conserva una energía muy beneficiosa para usted. Y si usted y su mujer ven una casa en la que una pareja ha vivido feliz durante veinte años, ha criado a dos hijos sanos que ahora dejan la casa para ir a la universidad, y ahora quieren mudarse a una casa más pequeña, cómprela: la Ley del Predecesor dicta que será un lugar perfecto para formar una familia feliz.

En el siguiente capítulo, que trata acerca del control del chi, aprenderá cuáles son las fuerzas presentes en su vida que pueden cambiar la energía de un ambiente. Incluso a pesar de conocer esta ley, muchas personas que compran una casa descubren que lo que les está ocurriendo a ellos es una repetición constante de eventos que llevan produciéndose durante años –o décadas– incluso antes de que se mudaran allí. La mayoría de las cosas que ocurren son muy evidentes si se analiza la estructura de la casa. La existencia de un espacio negativo que no se corrige en el área de la Tierra supone la ausencia de la energía necesaria para producir y favorecer la armonía en las relaciones. Un baño colocado en el área del Viento produce una pérdida de la energía de la Buena Fortuna, que, si no se corrige, llevará a graves problemas económicos. En otras palabras, usted puede estar tirando su dinero por el lavabo.

Mediante el feng shui es fácil comprender muchas de las historias de casas encantadas, espíritus viviendo en el ático, y escaparates que atraen el mal de ojo. Y de igual forma las historias de ángeles de la guarda o casas con buenos augurios son ejemplos de ambientes armoniosos en los que el feng shui es positivo. El feng shui de un ambiente debe ser estudiado en profundidad, tanto desde el punto de vista del mundo de las vibraciones como del mundo físico de la estructura. Cuando descubra problemas que tengan sus raíces en la vida de su predecesor, existen modos de corregir el desequilibrio.

Tratar lo invisible

Es muy probable que lo único que necesite hacer para corregir el efecto anterior sea muy evidente una vez que haya analizado el bagua. Mucha gente ha colocado espejos o luces en su casa para corregir espacios negativos cuando los problemas de los inquilinos anteriores estaban claramente relacionados con sus difíciles circunstancias. El problema del local de un restaurante familiar que parecía estar cambiando de dueño y de cocineros cada seis meses puede ser muy fácil de solucionar mediante curas habituales en el feng shui. Incluso los edificios grandes, como oficinas y hoteles, pueden beneficiarse de pequeñas reformas en el diseño utilizando los preceptos básicos del feng shui.

CASO

Problema: Un hotel muy famoso de una gran ciudad tenía serios problemas para mantener una ocupación suficiente para conseguir beneficios. Los dueños redecoraron las habitaciones, buscaron a una empresa líder para una nueva campaña de promoción y contrataron a una serie de ejecutivos de alto nivel para dirigir la empresa. Después de tres años no había cambiado nada. Por tanto los dueños decidieron poner en venta la propiedad. La compró un grupo inversor que estaba al corriente del feng shui y vio una gran oportunidad para hacer un buen negocio.

Solución: Los nuevos dueños no perdieron el tiempo en hacer cambios inútiles y sólo hicieron una corrección. Cambiaron la situación de un par de escaleras que estaban justo enfrente de la puerta. En el diseño antiguo, el chi bajaba por las escaleras y se escapaba por la puerta, una situación poco adecuada que simboliza la pérdida de fortuna. Después de la reforma del vestíbulo, las escaleras se colocaron en ángulo recto con la entrada, y en la parte baja se colocó un estanque. Ahora la salida de la energía estaba bloqueada –el problema de su predecesor– y además se reforzó añadiéndole una cura basada en el principio del agua contenida.

Resultado: El hotel se recuperó de sus dificultades económicas y ahora tiene uno de los índices de ocupación más altos de la ciudad. Los nuevos dueños han tenido enormes beneficios y los costes de la reforma no sólo se han amortizado sino que la cantidad invertida se ha multiplicado por diez.

Si en la casa donde va a vivir han ocurrido acontecimientos desastrosos antes de que usted llegara, es necesario que realice un pequeño y simple ritual para cambiar la naturaleza de la energía existente. Este proceso encaja en el contexto de la mayoría de las prácticas religiosas como complemento de las creencias personales. Con ello no se intenta reemplazar o negar cualquier otro método sino utilizarlo como sistema de autorreflexión y purificación.

Limpiar los espacios

Nuestros muertos nunca olvidan el maravilloso mundo que les dio la vida. Todavía aman los meandros de sus ríos, sus grandes montañas y sus apartados valles. Incluso suspiran de tierno amor para con los vivos de corazón solitario y vuelven muchas veces a visitarlos y consolarlos.

Jefe Seattle

A última hora de la tarde o primera de la mañana, cuando las vibraciones de la sociedad son más bajas, vaya a la habitación o al área de su casa en la que pueda «sentir» la presencia de un espíritu o aquella en la que se sienta más incómodo. Si no es consciente de este tipo de vibraciones, entonces colóquese en el área del Tai Chi de su casa o en cualquier habitación principal que no sea la cocina.

Siéntese en un cojín en el suelo o en una silla, ponga la espalda recta y relaje los hombros. Cierre los ojos despacio y tranquilice su mente, olvidándose de los muchos pequeños detalles que le preocupan diariamente. Deje pasar ideas como «Mañana tengo que recoger la ropa de la tintorería» o «Tengo que comprar servilletas de papel» e intente no retenerlas. No preste atención a los ruidos de la nevera, los relojes y el tráfico. Concéntrese en su propia respiración; piense en el aire entrando y saliendo de sus vías respiratorias. No fuerce los acontecimientos. Simplemente relájese de la forma en que lo haría en una práctica de meditación.

Después de pasar unos momentos en silencio y relajación, respire profundamente por la nariz y, cuando expulse el aire, emita un simple canto diciendo «suuuu». Este sonido debe ser muy suave y hacer que la garganta vibre ligeramente. Continué intentando no pensar en los detalles y no preste atención a los pequeños comentarios que se haga a sí mismo. Repita el sonido tres o cuatro veces cuando respire.

Con cada inhalación de aire, vuelva a respirar normalmente una o dos veces, siempre sentado en silencio. En su mente empiece a ver despacio palabras e imágenes que podría explicar o ver en alto. De esta forma opera dentro del mundo invisible de las vibraciones, puesto que sus pensamientos y sus palabras empiezan a transmitirse mediante ondas.

En los casos en que hubo alguna muerte, piense o diga algo parecido a los siguiente:

> Muchas gracias por tu vida. Si has estado en esta casa antes que yo, o tú fuiste quien la construyó, gracias por lo

que hiciste. Te agradecemos el bonito trabajo en madera que colocaste alrededor de la chimenea y el roble que plantaste en el jardín trasero. Por todo lo que has hecho, por todos tus años de vida antes que yo, te estoy agradecido de corazón.

Estés donde estés, te deseo lo mejor. En el mundo del espíritu o el mundo de las vibraciones, aunque no entiendo bien dónde estás o lo que ocurre cuando se deja este mundo, si estás aquí ahora, espero que seas feliz. Que el espacio en el que te encuentras te dé felicidad.

No te preocupes por nosotros: cuidaremos esta casa. No es necesario que te quedes aquí. Te prometemos cuidar de nosotros mismos y de nuestra familia para que puedas irte libre. No es necesario que te quedes en este lugar que ahora nosotros ocupamos, así que puedes irte libremente y no preocuparte de lo que ocurra aquí. Nosotros buscaremos una vida sana y feliz sin tu presencia. Cuídate y ve en paz.

Las palabras exactas o las imágenes que utilice no son importantes. Deben ajustarse a las circunstancias que usted haya notado. Lo que sí es importante es que realice este ritual de corazón. Puede combinar alguna oración de su religión o cantar un sutra especial de alguna otra teoría, o bien leer un párrafo adecuado de las escrituras, si así lo prefiere. Es una comunicación muy simple con el «más allá» que existe en nuestras vidas. No debe pensar en ello como algo especial o poco normal, puesto que con la práctica del feng shui ya está moviéndose en el mundo de las vibraciones. Este ritual consiste simplemente en purificar a un ser vivo limpiando los espacios del mundo vibratorio de la misma forma que lo haríamos en el trastero de nuestra casa. Pero en este caso debe ser muy sincero y venir del corazón porque se trata de problemas de vidas humanas.

Siéntese un momento en estado de meditación y deje que permanezcan en el aire las imágenes que ha creado. A medida que se diluyan y vayan apareciendo pensamientos más mundanos, extienda los brazos hacia adelante y dé dos palmadas bruscas lo más fuerte posible, Esto limpiará el espacio aún más y de forma más completa para terminar con el ritual.

Cuando haya terminado, coja un pequeño puñado de sal marina y extiéndalo por la habitación aquí y allá, sin echarlo hacia ningún sitio concreto. La sal, por ser el ingrediente más compacto y denso que utilizamos diariamente para cocinar, puede ser considerado uno de los elementos vitales más importantes y es el opuesto complementario del mundo invisible de las vibraciones y los espíritus. Utilizar la sal así ayuda a equilibrar el espacio en el que los fenómenos espirituales dominan el mundo físico. Al esparcirla por la habitación limpiamos el espacio y equilibramos el ambiente visible y el invisible. Deje la sal en la habitación unos días y, cuando lo considere adecuado, bárrala o pase el aspirador. Un tiempo después puede esparcir pétalos de flores frescas por la habitación y encender velas para producir una vibración nueva en ese espacio.

También puede inventar rituales similares para ajustarse a circunstancias distintas con el fin de pacificar y neutralizar la energía negativa que ha dejado su predecesor y desearle felicidad. Lo más importante es comprender la necesidad de ser conscientes de los acontecimientos pasados para evitar que la catástrofe se repita.

La historia que se relata a continuación es un sorprendente ejemplo de las posibles consecuencias de ignorar la energía del predecesor. Es sólo uno de los muchos casos documentados. Las dificultades abundan en las áreas donde la gente no ha muerto en paz.

En la Segunda Guerra Mundial, en un pueblo de Rusia, una bomba aliada cayó en un orfanato, matando a cientos de niños inocentes. Después de este trágico acontecimiento, el espacio nunca se «limpió» ni se realizó ningún tipo de ritual para liberar esta área de la presencia de los «espíritus» o las energía que quedaron atrapadas en este mundo de vibraciones. Años después, el gobierno utilizó este lugar para construir una impresionante estructura que serviría para producir electricidad para toda la región. Esta estructura es conocida con el nombre de *Chernobil*.

El feng shui nació originariamente para honrar a los espíritus de los que vivieron antes que nosotros y por tanto es lógico que comprendamos la posible presencia de este mundo en el lugar donde vivimos o trabajamos. Una simple oración o un sentimiento de corazón suele ser lo único que necesitamos para liberar estas energías negativas, aunque ni siquiera sepamos si existen.

12. Cambiar los lugares

Nuestras facultades sensoriales nos dan acceso a la posibilidad de una percepción más profunda. Además de las percepciones ordinarias, en el ser existen facultades de super-sonido, super-olfato y super-sentimiento. Pero sólo pueden experimentarse después de un serio entrenamiento en las profundidades de la práctica de la meditación, que consigue clarificar cualquier confusión y favorecer la precisión, la agudeza y la sabiduría perceptiva: la inmediatez de nuestro mundo.

Chögyam Trungpa, *The sacred path of the warrior*

Cambiar las percepciones

El feng shui depende mucho de la *percepción*. Cuando sentimos, vemos, tocamos o comemos algo se establece un intercambio entre el «nosotros» y el «los demás» que evaluamos mediante las distintas partes de nuestro sistema nervioso. Cambiar el ambiente que nos rodea también produce un cambio en la manera en la que lo percibimos, seamos conscientes de ese cambio o no. Pocas personas son capaces de «sentir» la calidad de la energía en el ambiente de una habitación en la que existen generadores de iones negativos. La mayoría de la gente siente un ambiente más limpio, más relajante, más estable o con más energía o simplemente se sienten mejor en una habitación de estas características que en una que tenga muchos iones negativos.

Para algunas culturas una camisa blanca es el símbolo de la pureza; para otras es el símbolo de la muerte. El negro puede ser para algunos el color del luto y la tristeza; para otros es un fuerte signo de fortuna. Fuera de los condicionantes sociales en los que nos criamos, existen muchos elementos que influyen en la forma de la que percibimos el mundo. Si se toma como un dogma, el feng shui es sólo un conjunto de creencias más. Pero si se utiliza como punto de referencia para el individuo, no puede separarse de otros factores que afectan a nuestro chi y a la energía que percibimos a través de los millones de neuronas que hay en nuestro cuerpo físico.

Como seres biológicos, el color nos afecta psicológicamente de muchas formas, grabadas en nuestro sistema nervioso desde que nacemos. Pero también hay conductas aprendidas que influyen en la forma de la que personalmente nos afecta el color. Algunos trabajadores de hospital no soportan los manteles de color verde porque el verde les recuerda al color de sus batas de quirófano, que suelen estar manchadas de sangre. Otros asocian uno o más colores con ciertos acontecimientos desde la niñez y esto les influye toda su vida. Estas realidades culturales juegan un papel muy importante en la manera en la que percibimos el mundo de los colores.

¿Qué controla el chi?

El factor más poderoso e importante de control del chi en nuestro mundo está en nosotros mismos. El hombre no es sólo un montón de huesos y tejidos regidos por una serie de elementos «científicos» limitadores como calorías, gravedad, y otros dogmas conceptuales parecidos. Después de observar una demostración del *chi gong*, el ejercicio tradicional chino para desarrollar el chi, la mayoría de la gente entiende que es posible que cualquier individuo se ejercite en una de las artes marciales y aprenda a dirigir la energía de formas que pueden parecer inimaginables. Las demostraciones sobrehumanas de fuerza, equilibrio, resistencia, concentración y percepción extrasensorial son muy comunes entre los que practican estas artes. Después de muchos años de práctica, estas capacidades asombran a los científicos, cuyas leyes físicas no ofrecen explicación a estos sucesos. La práctica del feng shui nos lleva a comprender qué es lo que controla el chi.

Nosotros controlamos nuestra propia energía. Abrazando un modo de vida que honre el mundo invisible pero muy real de las vibraciones, podemos cambiar nuestra dieta y hacer régimen, actividades dirigidas a cambiar la calidad de nuestra percepción. Los antiguos maestros chinos, hindúes y tibetanos reconocieron la importancia de la dieta y su relación con la salud. En el mundo occidental estamos empezando a entender esta idea. Ahora se recomienda una dieta controlada y meditación para curar las enfermedades de corazón y los modernos estudios científicos reafirman lo que ya se conocía desde hace miles de años.

Es muy difícil imaginarse que el feng shui pueda cambiar el ambiente externo sin considerar también el ambiente personal interno: el cuerpo y la mente, que nos dan la percepción del mundo en el que vivimos. Mejorando la calidad de nuestra sangre mediante un cambio de dieta, empezamos a cambiar el modo en el que vemos el mundo. Las células de nuestro cerebro, que se nutren constantemente de la sangre que producimos mediante la comida, nos dan la visión de nuestra propia vida diaria. Además de la dieta, la práctica de la meditación o algo similar, enfocado hacia la limpieza de nuestro cerebro y no el desarrollo de los músculos, nos ayuda a experimentar el control que en realidad tenemos de nuestras vidas. Aunque la alimentación y la forma de vida sean muy difíciles de cambiar para muchas personas, es esencial reconocer las limitaciones que tienen los ajustes de feng shui en el mundo exterior si no van acompañadas de cambios interiores. El hombre no está separado de su ambiente, ni el ambiente separado de él. Los cambios interiores positivos junto con los ajustes de feng shui en el exterior aumentan en gran manera las posibilidades.

Los demás

El segundo factor más importante que afecta a nuestras vidas después de nosotros mismos es el de *los demás*. Aunque lleguemos a casa contentos y canturreando, no podemos evitar vernos influenciados por la energía de nuestra deprimida pareja. En particular, la relación con nuestros padres es de gran importancia porque es la que define la forma en la que experimentamos a los demás en el mundo. Cualquier metodología terapéutica, ya sea psicológica o espiritual, nos puede llevar a reconocer lo que debemos a aquellos que nos dieron la vida. Desarrollar un sentimiento profundo de gratitud y apreciación empieza a liberarnos de las ataduras de las innumerables historias que hemos creado para explicar nuestras propias vidas. Lo biológico y lo espiritual de cada vida forman una unión de energía inseparable que se da con mayor poder entre padres e hijos.

Por lo tanto, para comprender en profundidad el poder transformador del feng shui, debemos mirar a nuestro interior, a nuestra vida y energía, y a las relaciones más directas con los demás, en especial con nuestros padres. Las campanillas de viento y las bolas de cristal colocadas en el lugar adecuado pueden aumentar la posibilidad de cambiar las percepciones mediante la modificación del ambiente. No obstante es importante recordar que el desarrollo de la persona empieza en su interior y las circunstancias exteriores sólo le servirán de apoyo.

La importancia del simbolismo

Como les dice el sabio de la montaña a los viajeros que le encuentran, la vida en sí misma no tiene sentido; sólo tiene el significado que nosotros queramos darle. Para el jugador de tenis internacional, lo único importante es el trofeo y la victoria; para el abuelo, lo importante es la fotografía de su primer nieto en un buen golpe de béisbol; para la novia, el anillo de boda; para el político, la pluma con la que firma un tratado. Cada uno de estos objetos tiene una gran carga simbólica. Lo que importa más en nuestra vida es lo que nosotros decidimos que es importante, no el anillo o la pluma sino el significado que damos a ese objeto en nuestra mente. Detrás de lo evidente siempre está el mundo de lo simbólico.

Cuando Fu Hsi vio a la tortuga salir del río, entendió que todo estaba contenido en una de las ocho casas del bagua. En el mundo físico todas las posesiones materiales –como por ejemplo objetos de arte, muebles, ropa, coches, casas, fotografías, animales de compañía, colecciones, etc– todo puede entenderse como un símbolo de una de las ocho energías básicas.

Si buscamos la permanencia de las relaciones, por ejemplo, una fotografía de un montón de plátanos es mucho menos adecuada que una de un bosque de pinos. Instintivamente sabemos, aunque no seamos conscientes de ello, que los pinos siempre están verdes y viven muchos años. En cambio los plátanos se pudren en pocos días si no los consumimos; y en todo caso no durarán mucho.

Los símbolos están en todas partes, en la casa y en el lugar de trabajo. Si queremos hacer mejoras en nuestra vida debemos considerar el impacto que tienen en el feng shui. Con la hoja de las primeras impresiones del capítulo 6, revise la forma en la que los demás perciben su espacio. Si está intentando encontrar pareja o mejorar las relaciones, busque en el área de la Tierra un candelabro sin pareja o un sólo cojín en el sillón y reemplácelos por objetos en pares. ¿Hay un cuadro abstracto en la pared en un área en la que necesita concentración? ¿Apila la ropa sucia en una esquina que la casa que se relaciona con la parte de su vida en la que tiene problemas? ¿Se atasca la puerta que da a una casa igualmente «atascada» del bagua? Es sorprendente cómo las realidades de la vida se manifiestan como símbolos a nuestro alrededor. Cambiar estas energías significa introducir los símbolos que a nosotros nos importan.

Inventar sus propias curas

Si existe un corte de chi es porque hay un ángulo que crea un punto «afilado» que debe corregirse. Esta energía se equilibra colocando un objeto redondeado, como una planta en un tiesto, o una material suave, como una tela o un lazo, sobre el ángulo. Cuando hay mucho mármol o metal en un ambiente, por ejemplo en una cocina de mármol y acero, añadir luz, cestas de mimbre o flores da calidez al ambiente y abre la energía del espacio. En estos casos todo lo que se necesita es una simple aplicación del Principio Unificador.

Hay habitaciones con techos colgantes muy bajos o grandes vigas que tienen una fuerte energía hacia abajo. Al igual que el feng shui clásico utiliza la flauta de bambú para elevar el chi, existen otras muchas posibilidades que tienen el mismo resultado. La razón para colocar la flauta en un ángulo de cuarenta y cinco grados debajo de la viga y con la boquilla hacia abajo es dar la impresión de que la flauta es una especie de tensor a través del cual pasa el viento elevando el chi y neutralizando la energía que baja. Pero en algunos ambientes la flauta de bambú es un elemento decorativo poco adecuado.

Con el Principio Unificador se puede ver fácilmente que otra solución sería colocar una planta alta en ese espacio, lo cual conseguiría el mismo efecto. Otras curas para el mismo problema son una fotografía de un globo aerostático navegando por encima del mar, una bandada de cisnes volando, o un niño lanzando confeti al aire en una fiesta. Todos ellos contienen la energía y el simbolismo de lo ligero y lo que sube, combinando sentimiento y significado. Estas curas son tan efectivas en el feng shui como las clásicas, e incluso más poderosas si se las inventa usted mismo.

Colores

El espectro visual de los colores según son refractados por la luz se extiende mediante ondas distintas medidas con lo que llamamos angstroms. La ondas más largas, las del rojo y el naranja, crean intensidad y exigen la atención de nuestros sentidos. Estos colores vívidos y fuertes también crean actividad, como sabe muy bien el torero. En cambio los colores de ondas más cortas, como el violeta, son más pasivos y refrescantes y su efecto en el ambiente es relajante.

En el siglo IV a. de C. apareció un sistema de clasificación de la energía conocido como Los cinco elementos. Hoy en día una traducción más adecuada del término utilizado para describir el movimiento de energía en este sistema sería El movimiento de las cinco energías, puesto que el movimiento se explica por un continuo y no por una serie de elementos estáticos. Cada energía va asociada con un color, pero conviene explicar este sistema de elementos, llamado Las cinco transformaciones, mientras se analizan los colores relacionados con ellas.

EL MOVIMIENTO DE LAS CINCO ENERGÍAS

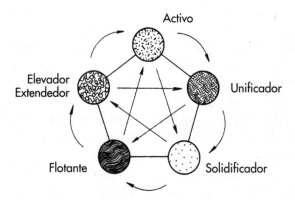

LAS CINCO TRANSFORMACIONES

La energía del Agua, nuestro origen biológico y de evolución, es *flotante*. Como el silencio de la noche o las primeras horas de la mañana y el invierno, la inactividad de esta energía se asocia con la dificultad o la catástrofe, como cuando el agua se es-

195

tanca. Los colores relacionados con ella son el *azul* y el *negro*. El negro, en realidad la ausencia de color, absorbe al resto de los colores y si se utiliza en exceso en la decoración puede llegar a crear un ambiente depresivo. Lo mejor es utilizarlo como barrera o acentuación de los bordes de otros colores, como marco. Una habitación con demasiado negro hará que la energía física disminuya con rapidez y provocará una falta de claridad; en cambio, la medida correcta llevará a los ocupantes hacia una mayor precisión. Psicológicamente el negro es la figura en la sombra, el carácter escondido a nuestros pensamientos conscientes. Tenemos mucho que aprender de esta parte oculta de nosotros pero también puede superarnos su influencia proyectada en nuestra vida diaria. Es necesario considerar con cuidado la utilización del negro en la decoración, al igual que el resto de los colores. Resulta muy importante utilizar el negro y el azul, como su elemento, el Agua, en las cantidades adecuadas.

El agua nutre a la siguiente energía, la Madera, que se *eleva* y se *expande*. La energía de la madera no es «dura» como un árbol, pero se mueve de manera similar a un árbol. Esta asociada con las primeras horas de la mañana, la primavera y el color *verde*. El verde es el color predominante en el mundo vegetal y simboliza el crecimiento. Sus ondas estimulan el crecimiento de los huesos y la postura erguida. En la mayoría de los casos, el verde también tiene un fuerte efecto curativo sobre el hígado y el páncreas, estimulando la bilis, necesaria para emulsionar las grasas en el proceso digestivo. Un exceso de verde en una habitación dejando aparte las plantas, puede crear un idealismo infantil, y sus vibraciones pueden desarraigar a los ocupantes, alejándoles del realismo práctico. Si se utiliza adecuadamente, el verde estimula la posibilidad, afectando al sistema nervioso como lo hace un padre cuando anima a su hijo a «salir e intentarlo por sí mismo». El verde va hacia la actividad –hacia el Fuego– pero todavía no está cargado del todo.

La madera nutre la siguiente energía: el Fuego, que es una energía activa y viva. El fuego se asocia con el mediodía, cuando el sol está alto, con el verano, cuando la naturaleza está muy activa, y el color *rojo*, el que tiene una onda más cargada de todo el espectro. Utilizar el color rojo en la decoración estimula la actividad, pero en exceso, puede crear grandes dificultades a sus ocupantes. Se ha demostrado, por ejemplo, que el uso del rojo en cárceles y hospitales psiquiátricos produce conductas violentas y hace que los ocupantes se vuelvan más excitables y pasionales. Las cortinas, tapizados o alfombras con mancha rojas grandes excitan la mente y contribuyen a la aparición de migrañas, impaciencia y ansiedad general. El rojo aparece poco en la naturaleza, la mayoría de las veces sólo en momentos de intensa actividad, otro signo de que este color conlleva una carga muy intensa. El uso adecuado del rojo puede inducir a la pasión y la sensualidad, estimulando la libido. No es por casualidad que ciertos barrios de algunas ciudades se distingan por la luz roja.

Desde el punto de vista físico, el rojo estimula el sistema digestivo, acelerando el proceso de fermentación en el estómago. Las heridas abiertas tardan más en cicatrizar cuando están expuestas a la luz roja porque la sangre tarda más en coagular. Un paño rojo utilizado para tapar la masa del pan, los pepinillos en vinagre o el chucrut, por ejemplo, acelerará el proceso de fermentación. En casa, los padres deben tener mucho cuidado al utilizar el rojo para decorar la habitación de los hijos o para vestirlos porque puede estimular en exceso al niño. En cambio, para los niños de piel más clara y más tranquilos, puede resultar muy útil. El rojo es como el fuego: tiene energías positivas y a la vez dañinas. ¡Debe utilizarse con mucho cuidado!

El Fuego se convierte en cenizas alimentando la energía de la Tierra, la fuerza unificadora del suelo. Cuando la energía es interna y se condensa, la Tierra hace que la naturaleza dé su fruto, al igual que nosotros al final del día. La temporada de cosecha, relacionada con el final del verano, es el momento de la Tierra y se asocia con el color *amarillo*, con un movimiento hacia adentro. El amarillo en un ambiente estimula la con-

197

ciencia de los ocupantes de la reunión de las energías, favoreciendo la relación con los demás. La rosa amarilla, asociada comúnmente con los celos, puede ser muy dulcificadora si se utiliza para acentuar un ramo más que como elemento principal de este.

Menos intenso que el rojo, el amarillo es más inspirador y estimulante porque sus ondas están más en consonancia con el intelecto y la sociedad. Se ha escrito mucho sobre el hecho de que el amarillo era el color preferido por Sócrates y Confucio, entre otros filósofos. Este color motiva a los individuos a considerar su relación con las masas, abre a los introvertidos y reduce la introspección. En el mundo occidental el amarillo se utiliza muy poco en las ceremonias religiosas. Los jardineros de la Casa Blanca habrían ejercido un efecto considerable sobre el gobierno si hubieran decidido plantar más flores amarillas alrededor de este centro de poder. Esta energía habría empezado a reunir una potente fuerza social alrededor del presidente a través de las ondas vibratorias que emanan del amarillo.

Para terminar, la Tierra con el tiempo se solidifica en una energía denominada Metal, la fuerza de la *solidificación*. El metal es el final del día, del año, el otoño, cuando la naturaleza parece prepararse para cerrarse sobre ella misma. El metal es la culminación del ciclo de transformaciones que sufre la energía y se asocia con el color *blanco*. En la curación no hay un color más puro que el blanco, que en realidad es la armonía de todos los colores y ondas. Las telas blancas, las flores blancas y la ropa blanca sugieren pureza y refinamiento, una asociación poco afortunada que probablemente ha llevado al blanqueo de la harina, privándola de toda su capacidad nutritiva. El pan blanco necesita que le añadan propiedades nutritivas después de haber sido refinado. Este proceso, llamado «enriquecimiento» es una de las prácticas más contradictorias del mundo «civilizado». El vaquero del sombrero blanco siempre es el «bueno», otro signo de nuestra obsesión por la pureza. El cobarde villano, vestido de negro, se asocia inmediatamente con lo maligno. la sociedad tiene que esforzarse por superar estos estereotipos tan enraizados que nos han atrapado en muchos prejuicios.

LOS CINCO COLORES

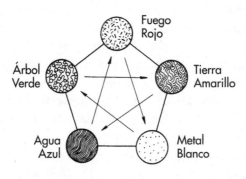

Las cinco transformaciones están creadas por el *ciclo de la creatividad* o de la nutrición, que pasa por las cinco fases de derecha a izquierda. Todas las energías dependen de la energía anterior, en lo que se conoce como la relación madre-hija. El Agua es la madre de la madera, la madera del Fuego, y así sucesivamente. Dentro de este ciclo creativo existe un sistema de equilibrios y comprobaciones llamado el *ciclo de control*. En este sistema interno cada energía controla a la hija de su hija, su nieta, y de igual forma está controlada por la madre de su madre, la abuela. Por ejemplo, el Agua controla al Fuego; lo que es muy activo necesita una mano firme para mantener el orden.

Uno de los aspectos de la vida en que actúan estas cinco transformaciones es en la anatomía y la fisiología. En la medicina china tradicional, la energía del Fuego está representada por el fuego, y el Agua por los riñones. Sabemos en fisiología que los riñones regulan la presión arterial: la prueba de que el Agua controla al Fuego para que no pierda el control.

La Madera controla a la Tierra mediante el movimiento de su energía hacia el exterior y hacia arriba, equilibrando la ten-

dencia de la Tierra a absorber demasiado y hacerse excesiva-
mente sólida. El Fuego controla al Metal porque puede fun-
dirlo; la Tierra controla al Agua porque puede absorberla; y el
Metal controla a la Madera solidificando la energía que sube y
se extiende en exceso. Todo el sistema funciona con una si-
metría perfecta y es la piedra angular del sistema teórico en el
que se basa la antigua filosofía oriental.

La armonía de los colores aparece en el ciclo de la creatividad o ciclo nutritivo. El rojo y el amarillo, por ejemplo, forman una energía poderosa, activa y unificadora –como sabe
muy bien una conocida marca de comida rápida–. El rojo y el
blanco no consiguen llamar tanto la atención. La combinación del verde y el rojo es muy poderosa, mientras que la de
verde y amarillo implica un conflicto porque eleva y extiende
la energía, y a la vez la dirige hacia abajo y al interior, per-
diéndose al final. Si se añade un toque de rojo para unificar-
las hay posibilidades de mayor movimiento. El verde controla
al amarillo.

En el feng shui, como en la naturaleza, los colores más intensos se utilizan en menor cantidad y sólo para acentuar o
para crear un determinado efecto. El color central del espectro, el verde, puede aparecer en la casa en forma de plantas
con un efecto moderado de energía elevadora, simbolizando el
crecimiento. Si hay demasiado rojo en una guardería los niños
estarán hiperactivos, como han demostrado algunos estudios.
El violeta puede pacificar un ambiente laboral pero también
producirá somnolencia; en cambio es la elección perfecta para
una habitación donde se desea tranquilidad. En las empresas
donde el dinero es la máxima preocupación, el violeta está tan
lejos de lo material como es posible antes de cruzar la línea de
lo «invisible». Aunque el violeta o el morado sean los colores
preferidos del dueño del negocio, su utilización en la decoración de las oficinas no producirá beneficios. Los colores más
fuertes son los que favorecen la manifestación de las cosas en
el mundo real.

Cuando se desea crear un ambiente de mayor calma, como

por ejemplo en un dormitorio, unas cortinas rojas grandes pueden llevar al insomnio. Si sólo hay manchas rojas en la colcha, en unas flores, o en un cuadro, es menos probable que esto ocurra. Las sombras oscuras, como grises y negros, pueden producir depresión o neutralidad, y en cualquier caso, falta de definición real, a menos que se combinen con otros colores más fuertes. Utilizar el gris en los colegios o en las oficinas produce ambientes muy aburridos.

LA CANTIDAD CAMBIA LA CALIDAD

Este conocido axioma del principio Unificador debe ser recordado cuando se considera la utilización de los colores. Cada individuo percibe de forma distinta la vibración de un color. Nuestro estado físico y emocional está cambiando constantemente, al igual que nuestras preferencias. De niño es probable que su color preferido cambiara con frecuencia, igual que su mejor amigo. Pero lo que importa es la cantidad de ese color. La cantidad afecta en gran medida a la calidad de nuestra experiencia.

Las habitaciones en las que el color predominante es el naranja o el amarillo se verán beneficiadas por unos cuantos toques de rojo aquí y allá; demasiado rojo reforzará el ambiente en exceso, intensificando la vibración. Un toque de azul o violeta en la misma habitación puede no tener ningún resultado; estos colores deben utilizarse en grandes cantidades para obtener un efecto concreto.

Los colores intensos atraen al ojo, especialmente cuando se contrastan con otros más suaves. Demasiada cantidad de un color intenso, como el rojo o el naranja, tendría el efecto opuesto. El negro puede ser un color muy poderoso si se utiliza adecuadamente; si no hay contraste, puede ser demasiado duro o incluso sombrío. Si se utiliza un poco de todos los colores en el mismo ambiente, el ojo no puede distinguir uno de otro y se vuelve virtualmente ciego. Cada una de las cinco energías tiene un efecto único y diferente de las demás y debe utilizarse para crear un flujo de energía cómodo con el fin de conseguir un efecto concreto.

> Los cinco colores ciegan el ojo.
> Los cinco tonos ensordecen el oído.
> Los cinco sabores anulan el gusto.
> Correr y cazar enloquece la mente.
> Las cosas valiosas nos extravían.
> Por eso el sabio se guía por lo que siente,
> no por lo que ve.
> Deja pasar lo primero y elige lo segundo.
>
> Lao-Tse

El siguiente test le ayudará a comprender mejor el uso correcto de los colores en el feng shui. Si no está seguro de las respuestas correctas, relea el presente capítulo. Una vez terminado el test habrá comprendido los principios básicos que se exponen en este capítulo.

1. Una mujer tiene un sillón amarillo pálido en su sala de estar y decide comprar dos o tres cojines para colocarlos allí. ¿Cómo afectará al mobiliario el color de estos cojines? ¿Qué colores debe evitar?

2. Usted acaba de recibir una docena de rosas rojas de un admirador secreto. Después de mirar en los armarios se da cuenta de que no tiene ningún jarrón de cristal. Sólo encuentra uno azul intenso con filo negro y otro de cerámica color hueso. ¿Cuál debe elegir? ¿Por qué?

3. Usted trabaja en el departamento de ventas de un concesionario de automóviles y las ventas han bajado este mes. El jefe le ofrece dos sillas nuevas a elegir para reemplazar la que ha estado utilizando en su despacho: una de cuero negro y otra de tela verde pardo. ¿Cual elegirá? ¿Por qué?

4. El nuevo restaurante chino que se acaba de abrir en su barrio está decorado con paredes rojas. ¿Qué tipo de energía espera encontrar allí? Explique su respuesta.

5. Usted va a dar una fiesta para celebrar la fusión de su compañía con un competidor. La secretaria del presidente, que ha sido elegida para coordinar el acontecimiento con su aprobación, le da una lista de las necesidades para dicho evento. las mesas estarán decoradas con centros de colores y le piden sugerencias. ¿Algún comentario?

6. Su hija se ha roto la pierna esquiando y está en el hospital. Dice que necesita un camisón nuevo porque el que le han dado en el hospital es incómodo. ¿Cuál será el color más adecuado?

7. Sus hijos, que pasan mucho tiempo juntos en la sala de juegos del sótano, parecen siempre estar peleándose allí. ¿Qué

debe buscar y hacer en relación a los colores para cambiar la situación?

8. Los empleados de la agencia de publicidad en la que usted trabaja no se sienten muy inspirados últimamente. Al comprobar la decoración de sus oficinas, encuentra una gran variedad de colores, sin que ninguno domine a los demás. ¿Qué debe hacer?

9. La pequeña sala del baño de señoras que hay en el vestíbulo está decorada con baldosas blancas y negras en el suelo. Su pareja le pide que elija las toallas nuevas para esta habitación. En la tienda del barrio sólo tienen toallas verde pálido, rojo brillante y amarillo canario, todas ellas con bordes negros. ¿Cuál elegiría y por qué?

RESPUESTAS

Los colores son una cuestión de gusto personal. Su elección de colores, dibujos, texturas, diseño y materiales afectan a la conducta humana en cualquier ambiente. Aunque la elección de un color concreto sobre otro no es necesariamente siempre «correcta» algunos colores le ayudarán a conseguir un ambiente más armónico y otros producirán energías conflictivas y discordantes.

1. Utilizar el blanco sobre un sillón amarillo pálido creará una energía tranquilizadora. Utilizar el rojo o el naranja activará más al usuario. Se debe evitar el verde, el azul o el morado porque crean conflicto con el blanco a menos que haya colores adicionales que los armonicen.

2. Las rosas en un jarrón azul intenso pueden parecer elegantes para algunos pero el azul hará disminuir la fuerza del rojo de las rosas. Las flores se verán acentuadas –sobre todo en su intencionada energía romántica– si se colocan en el jarrón de cerámica blanca.

3. El negro, la ausencia de color, rebaja la energía. Una silla verde le hará ponerse en movimiento y favorecerá la elevación de la energía.

4. Las paredes rojas en un restaurante activan el chi –a veces demasiado–. Aunque el restaurante tendrá una clientela animada y charlatana, el exceso de energía puede ser contraproducente para una comida sana. Se sobreestimulará el apetito y se producirán fuertes ácidos en el estómago.

5. Busque los nuevos colores de la compañía y utilícelos con prominencia. Si puede, utilice flores amarillas, la energía unificadora de la Tierra, porque ayudarán a apoyar la fusión.

6. El verde ayudará a que se cure más rápidamente. Evite el azul o el morado cuando hay problemas estructurales.

7. Demasiado rojo o naranja, o cualquier color vibrante, en una sala de juegos puede causar hiperactividad. (¡Observe también posibles cortes de chi!)

8. La energía creativa debe ser fluida en una agencia de publicidad y necesita líneas curvas para favorecerla. Intente armonizar el área con tonos azules y verdes, como por ejemplo con cursos de agua y plantas. Añada toques de colores vibrantes. Reduzca los negros, los grises y los tonos demasiado suaves.

9. El verde pálido es un color tranquilo y puede hacer que esta pequeña habitación sea demasiado pacífica y aburrida. El rojo es un «clásico» en esta combinación y puede dar una sensación de elegancia. El amarillo es la peor elección, porque no existe contraste que equilibre los demás colores. Pero la respuesta correcta –la única para estas preguntas– es elegir el color que a usted le parezca mejor, ¡porque así lo ha decidido!

13. Cuando la magia funciona

Metro a metro, surco a surco, tienes que hacer crecer el jardín;
sólo necesitas un rastrillo y una azada,
y un trozo de tierra fértil.

Dave Mallet

Poco a poco

Cuando empiece a cambiar la forma de percibir el mundo que
tiene a su alrededor a través del feng shui, la experiencia con-
firmará cada vez más lo que ya sabía. Las creencias son reem-
plazadas por la certeza; la duda por la posibilidad. La magia
aparece con tanta rapidez que es difícil no dejarse llevar por la
grandeza de las posibilidades que el uso del feng shui abre en
otras partes de su vida.

Compartir el secreto

Se cuenta una vieja historia sobre Mahatma Gandhi, persona
cuyo valor, sentido común y visión del mundo inspiraron a millones de personas. Se dice que un día, una madre llevó a su
joven hijo ante el sabio. «Amable maestro –empezó a decir– mi hijo no para de comer caramelos. Está estropeando

su apetito y su salud. Como él conoce su sabiduría, ¿podría usted decirle que no lo hiciera más?». Gandhi contestó con rapidez: «Por favor, venga a verme dentro de dos semanas». La mujer, sorprendida, se fue con su hijo y volvió a las dos semanas como le habían aconsejado. Al verlos, Gandhi sonrió, se arrodilló, y mirando directamente a los ojos del niño, le dijo: «Jovencito, haz lo que te pide tu madre, por favor. Todos esos caramelos no te ayudarán a crecer fuerte y sano». Asombrada, la mujer preguntó: ¿Por qué nos ha hecho regresar en dos semanas? Eso es exactamente lo que yo quería que le dijera a mi hijo. ¡No lo entiendo!». «¡Hace dos semanas –respondió Gandhi– era yo mismo quien tenía que dejar de comer caramelos!»

Además de poner en práctica lo que predica, utilizar el feng shui le hará apreciar y respetar más las vidas de los demás. Si quiere de verdad que otros se beneficien igual que usted, tendrá mucha más influencia como ejemplo de un cambio positivo que como predicador de otro sistema desconocido.

Mejorar algo que está bien

En lugar de correr por toda su casa buscando curas para todos los problemas, continúe mejorando lo que ya ha creado. Siga limpiando la basura del área de la Tierra aunque ya haya aparecido una nueva pareja. Transplante la planta que colocó en el área del Cielo para mejorar las relaciones con un amigo generoso. Deje el cristal brillante que colocó en el área del Viento aunque ya haya sentido que la buena fortuna le inunda, y manténgalo perfectamente limpio.

Además, analice los baguas grandes y pequeños y haga cambios en otros ambientes. Por ejemplo, si consiguió un trabajo nuevo después de limpiar el área del Agua y colocar ahí una cura, busque el área del Agua en su despacho nuevo o en su dormitorio y límpielas también. Si no lo hace, las otras áreas que tienen la influencia del Agua pueden hacer que el éxito sea sólo temporal, como el remedio médico que sólo trata los síntomas pero no cura la causa de la enfermedad.

Es posible también que empiece a preguntarse por qué se ha estancado el Agua en relación con su cuerpo y su salud. Este hecho puede empezar a comprenderlo después de utilizar la información sobre el feng shui en el cuerpo que se detalla en el capítulo 15. ¿Qué pasos puede tomar desde el *interior* para reforzar la nueva dirección que su vida está tomando?

Por lo tanto, cuando empiecen a ser evidentes los resultados positivos, lo más prudente es ampliar y profundizar en sus metas, extenderlas hacia áreas como la salud y la astrología, y ahondar en la filosofía del feng shui según se explica en el *I Ching*.

Una nueva realidad

Si no sabes dónde estás, no puedes ver hacia dónde vas.

Will Rogers

Si vuelve a revisar la hoja de autoevaluación del capítulo 1 después de que se hayan producido cambios fruto de las curas que ha colocado, será capaz de volver a juzgar su vida para ver lo que ha ocurrido en realidad. Revisar los planes y las prioridades de la lista del capítulo 4 un mes o dos después de que la hiciera será como releer las notas de un antiguo diario. Es muy probable que le sorprenda la forma en la que veía su trabajo, sus relaciones y su vida en general, porque los cambios positivos que produce el feng shui afectan en gran medida a la perspectiva desde la que se ven las cosas. Para ilustrar este punto nos ayudará la historia de una persona con éxito.

Robert era un profesional soltero a quien le fascinaban las

motos Harley Davidson. Tenía dos motos, una de ellas con sidecar por si algún amigo quería acompañarle en sus frecuentes salidas de fin de semana. Además tenía todos los accesorios de Harley Davidson: la cazadora de cuero negra, la cadena para las llaves, el juego de papel y bolígrafo, el encendedor, etc, y todas sus camisetas llevaban el símbolo oficial. En todos los lugares donde iba, Robert se encontraba a otros que compartían su pasión por estas motos. Conoció aficionados a las Harley en la oficina de correos, a la salida del cine, en los restaurantes de su barrio y en el edificio donde trabajaba. Asistía a las reuniones, las exposiciones y las excursiones de fin de semana dedicadas a la cultura de las motos. Pero lo más importante era que allá donde miraba, siempre parecía encontrar motos Harley Davidson.

Por fin, Robert se enamoró de una mujer que compartía esta pasión y pasaban sus horas libres viajando en moto por la zona montañosa rural buscando vivir aventuras. Pronto, Robert le propuso matrimonio –mientras conducía la moto– y ella aceptó –abrazándole desde el asiento trasero de la moto–. Se casaron. Poco después de la luna de miel, ella anunció su embarazo. El médico le recomendó que redujera las excursiones en moto hasta que diera a luz. Robert, enormemente feliz con la idea de ser padre, siguió disfrutando del mundo de las Harley por su cuenta, aunque siempre manteniéndose como un marido y un futuro padre ejemplar. La habitación del niño estaba equipada con todo lo necesario y la casa y el corazón de ambos estaban llenos de amor. Pero, incluso así, Robert veía Harley Davidson allá donde iba.

La Fortuna les bendijo con un hijo, probablemente un futuro entusiasta de las motos. Poco después de su nacimiento, Robert se subió en la moto para anunciar el acontecimiento y repartir los tradicionales puros. Pero ocurrió algo gracioso. Allá donde iba, en cada esquina, delante de la oficina de correos, y en el trabajo, vio coches ranchera Volvo. Y en el asiento trasero de todas ellas había una silla de niño. Las Harleys habían desaparecido completamente de su vista y las rancheras Volvo parecían surgir como amapolas en primavera. Para su completa sorpresa, estaban por todos lados.

Considerando que no había habido una baja espectacular de las ventas de motos ese mes, ni se regalaban las rancheras Volvo, Robert entendió que no era el mundo el que había cambiado, sino *él*. Las invisibles imágenes del subconsciente que se formaban en lo más profundo de su sistema nervioso le decían que su mundo se había convertido ahora en el mundo de la familia, que necesitaba un medio de transporte seguro, que las motos y los niños no se llevan bien, que la silenciosa y fiable protección de un coche fuerte –con espacio para el carrito y los pañales– era su *nueva realidad*. Las Harley Davidson desaparecieron por completo de su mundo subconsciente y en su lugar surgieron paradigmas totalmente nuevos. Su percepción del mundo y su visión y perspectiva de la vida cotidiana se habían visto alteradas por cambios externos en el plano físico.

Cuando el feng shui produce cambios en su vida diaria, se empezarán a crear nuevas pautas, muy diferentes de las anteriores. Y lo que es más, estas pautas modificarán la forma en la que ve el mundo, y usted no podrá hacer nada por evitarlo. Este proceso es muy parecido a los viejos puzzles de niños donde se esconden figuras: alguien le muestra una bonita fotografía de un bosque y le dice que entre los árboles hay un búho, una serpiente y una mariposa. Por más que mire al bosque, usted no ve más que hojas y flores. ¡No es posible que en la foto estén esos animales! «¡Mira con atención!», le dice su amigo, o «Intenta no buscarlos y aparecerán». Al final, después de estar diez minutos mirando la fotografía, aparece la forma de un búho, y después la serpiente. Unos segundos después se ve la mariposa, parada en una hoja en medio de la fotografía. A partir de ese momento no puede mirar a la fotografía sin ver a los tres animales, cuando unos minutos antes habría apostado dinero a que no estaban allí. Su realidad ha cambiado por la aparición de algo inesperado. Una vez que lo da por seguro, ya no hay vuelta atrás.

Retirar y cambiar las curas

Como consecuencia del efecto que tiene este tipo de experiencias sobre nuestra memoria, surgen nuevas pautas de experiencia. Entonces cada vez se hace más difícil cambiar las pautas permanentemente. Después de haber visto cómo ha cambiado su vida con las curas del feng shui, es posible que quiera que el teléfono deje de sonar ofreciéndole trabajos o posibles parejas, y sea necesario retirar una cura. Si es así, asegúrese de tener clara la dirección en la que quiere que vaya su vida.

No añada suciedad para anular el efecto de una cura. No intente cambiar la puerta principal de sitio para desplazar el bagua. Usted siempre tiene el poder para crear su propia vida y su realidad, y con un poco de práctica podrá ajustar el efecto de las curas como ajusta el volumen de una radio. El feng shui evoluciona, y con él cambiará su experiencia.

Si decide cambiarse de casa y le preocupa el nuevo lugar de las curas de las que ya se está beneficiando, tenga cuidado. Analice el bagua de su casa u oficina nueva y verá con facilidad lo que es necesario hacer. Cada espacio es diferente, aunque el plano sea exactamente igual. Las dimensiones, el color, la textura, la orientación y la posición afectan al bagua. Cada uno de los espacios se integrará en su vida de manera ligeramente diferente, en otra frecuencia y otro nivel vibratorio. A medida que vaya adquiriendo más confianza en sí mismo, cambiar las curas, como cambiar el mobiliario, se convertirá en un buen modo de mejorar el flujo de energía vital en su espacio y en su vida.

14. El feng shui en el puesto de trabajo

Soy un empresario lo suficientemente inteligente como para
ignorar algo que lleva existiendo tres mil años.

Industrial multimillonario

El cambio en el puesto de trabajo

Ahora existen cientos de inspirados libros y seminarios inno-
vadores destinados a cambiar la manera en la que dirigimos
nuestros negocios. Las empresas grandes y las organizaciones
sin ánimo de lucro piden a gritos formas nuevas para vender
sus productos y sus servicios; la gestión y el trabajo, fuertemente influenciado por la potencialidad emergente de los compe-
tidores asiáticos, está viendo cómo se redactan contratos nuevos, se olvidan antiguos sistemas de trabajo y se reinventa el
lugar de trabajo. Las ventas por correo y la garantía de devolu-
ción del dinero están dando mayor poder al consumidor, mientras que en los centros de salud se mejoran la eficacia y la sa-
tisfacción en el trabajo mediante prácticas centradas en la preocupación por el estrés y la sensibilidad laboral. Durante la
década anterior, el cambio se ha producido con tanta rapidez
que el éxito de una empresa depende cada vez más de lo que
se aleje de «un negocio normal». En casi todos los campos, información equivale a poder, e innovación significa beneficio.

Pero uno de los efectos no deseados de este gran cambio está en lo que se han alejado del mundo natural la mayoría de los ambientes laborales. Ahora existen edificios con ventanas que no pueden abrirse y que proporcionan «aire fresco» mediante avanzados sistemas de ventilación; ordenadores que rodean a los empleados de cargas electromagnéticas; teléfonos celulares demasiado cerca del cerebro enviando ondas que afectan al sistema nervioso; plantas de plástico adornando vestíbulos iluminados con luz artificial; fotocopiadoras, mobiliario y materiales de construcción que emiten gases tóxicos que poco a poco destruyen la salud; turnos nocturnos de trabajo y cuotas de ventas que hay que cumplir, que interrumpen el ritmo natural del reloj interno.

Hay formas de reducir estas fuerzas antinaturales y neutralizar sus efectos debilitadores. En algunos países, se ha introducido una legislación que favorece cambios como por ejemplo la instalación de pantallas protectoras de radiación en los ordenadores y la limitación de las horas extras en trabajos de alto estrés. Pero incluso estos cambios han llegado cuando el sentido común de la mayoría de las personas ya avisaba de que empezaban a ser urgentes. Fueron necesarios años de estudios y presiones políticas para conseguirlo.

En la actualidad están apareciendo nuevas doctrinas que estudian el estrés geopático, «el síndrome del edificio enfermo», así como otras enfermedades de causas medioambientales. Los estudios realizados en este campo pueden ayudar a aquellos interesados en estos importantes fenómenos a mejorar su ambiente de trabajo. Además, usted mismo puede utilizar los principios que se explican en este libro para hacer de su lugar de trabajo un ambiente más armonioso y sano, beneficiando además a todos los que trabajan con usted.

Lo que usted puede hacer

Después de un fin de semana o un día de descanso lejos de su lugar de trabajo, vaya a la oficina el lunes por la mañana con

214

una copia de la hoja de primeras impresiones del capítulo 6 en la cartera. Rellene la hoja analizando su lugar de trabajo de la misma forma que lo hizo con su casa –desde el punto de vista de la «vaciedad». Si le es posible, pida a algunos amigos que hagan lo mismo que hicieron en su casa. Después analice objetivamente los resultados. ¿Ve una marcada diferencia en los niveles de ruido? ¿Es usted –o sus amigos– consciente de algún tipo de vibración inusual, como la causada por ejemplo por un ordenador, un aparato de aire acondicionado o alguna máquina eléctrica? ¿Notó algún cambio en la calidad del aire? ¿Hay algún otro aspecto del lugar que parezca poco sano? El primer paso importante es simplemente darse cuenta de aquello que no había notado hasta ahora.

Después analice el bagua de su oficina, tienda, o planta de trabajo y vea dónde se sitúan las diferentes casas. Determine los lugares donde hay espacios negativos o proyecciones y observe cómo pueden afectar a las circunstancias existentes. Mire los colores de las paredes, la posición de las mesas y la decoración general. ¿Hay demasiada energía cálida? ¿Existen cortes de chi? ¿Muestran las imágenes, las fotografías y los símbolos del ambiente lo que usted quiere conseguir allí?

Discuta con algún compañero lo que ha aprendido al hacer cambios en su casa y vea si se le ocurren sugerencias para ofrecerle al director. Es posible que usted necesite comprar una nueva bombilla o una planta para la oficina en caso de que su director no se muestre interesado en hacer cambios o «no haya dinero en el presupuesto». Considerando que pasa un 25 por ciento de su vida en ese lugar, el gasto y el esfuerzo que exijan estos cambios merecerá la pena. ¡En muchos aspectos, el lugar de trabajo es tan importante como el dormitorio!

Su espacio personal

Las oficinas son lugares de reunión y de trabajo y deben reflejar las energías de la Tierra y el Metal en las Cinco Transformaciones. Para asegurar una sensación equilibrada y armónica de energía en este ambiente, primero asegúrese de que la iluminación de toda la oficina es parecida. Utilice focos de luz para las áreas individuales pero procure que haya también una iluminación general.

Ordene su mesa de trabajo. Quite todo lo que no sirve y ordene sus ficheros. Su mesa es un reflejo de su mente y sus intestinos. No ponga la papelera en el área del Viento.

Cuando hay sensación de exceso se trabajo es mejor organizar los sistemas de forma horizontal, en lugar de vertical. Las pilas de bandejas de cartas en la mesa pueden hacerle sentir que el trabajo no se acaba nunca. Ordene la pila de papeles que lleva días en el área de las Bendiciones de la Fortuna. En su lugar coloque un jarrón de flores o una planta. Haga que el área de la Tierra favorezca las relaciones. Ponga una fotografía o un objeto bonito en lugar de cartas pendientes de contestación o facturas por pagar. Analice cada una de las áreas del bagua y elija con cuidado lo que debe colocarse allí, poniendo curas donde lo crea conveniente. Recuerde que debe seguir las pautas que aquí se dan para colocar curas con efectividad.

La forma de la oficina le dará una pista de la naturaleza del trabajo que allí se realiza. Las oficinas cuadradas o ligeramente rectangulares son las que atraen más dinero. La formas irregulares, como por ejemplo en L o en rectángulos muy alargados con corredores o espacios añadidos hacen sea más difícil llevar a cabo un proyecto. Las formas triangulares o la decoración con triángulos o rombos crean conflictos y reducen los beneficios.

Los techos de los despachos de dirección deben ser más altos que los del resto de los despachos, nunca al contrario. No cuelgue plantas, móviles o cualquier otro objeto sobre la mesa de trabajo. Los tragaluces situados directamente sobre la mesa, a menos que estén muy altos, dispersan la energía del lugar de trabajo.

Colocar la mesa de trabajo

La posición ideal de la mesa de trabajo es en el punto opuesto y más alejado de la puerta. Debe estar respaldada por una pared sólida, no por una ventana, creando una esquina donde se concentre la energía creativa. Lo mejor es que se sitúe en el área del Viento o de las Bendiciones de la Fortuna.

La mesa debe estar paralela a la pared, en lugar de formando un ángulo, lo que crearía conflictos en la habitación. Tampoco debe colocarse cerca de una esquina porque produciría una sensación de limitación. Como en el caso de la cama, nunca debe colocarse delante de un espejo –¡tendría el doble de trabajo!

Nunca debe haber un paso por detrás de la mesa de un ejecutivo, ni debe colocarse un cuadro demasiado poderoso, porque distraería a los visitantes. Los cuadros, calendarios, fotografías, diplomas y otros adornos deben colocarse en cualquier otra zona del despacho.

Tamaño, forma y superficie de la mesa de trabajo

La mesa debe ser lo suficientemente grande para que disponga de superficie de trabajo y zona de almacenamiento, pero nunca tan grande como para que las cosas no estén al alcance de la mano. Una mesa grande puede impresionar mucho pero reducirá la eficacia. Una mesa pequeña puede producir frustración.

Las mesas cuadradas o rectangulares, con ángulos rectos y bordes marcados, son adecuadas para las empresas comerciales cuya primera prioridad es *hacer dinero*. Las mesas redondeadas u ovaladas son más adecuadas para la *creatividad*. Cuando ambos aspectos son de igual importancia, elija una mesa que combine líneas ligeras con bordes definidos y cuadrados, intentando no crear cortes de chi. Las esquinas pueden estar redondeadas.

La superficie de la mesa no debe ser brillante porque creará problemas oculares y le producirá fatiga. La mesas negras o de colores fuertes crean intensos contrastes que le harán trabajar más despacio. Debe ser posible concentrarse en el trabajo, y en una superficie de este tipo los papeles pueden resaltar demasiado o desaparecer. Las mesas con múltiples usos deben ser equilibradas y simétricas y producir una sensación de calma y organización.

El teléfono

Además del ordenados o el procesador de textos, el teléfono es probablemente el aparato eléctrico más importante de su oficina. La comodidad de uso depende sobre todo de su posición en la mesa. Asegúrese de que los cables están bien escondidos y en especial de que el cable en espiral que une el teléfono con la base no cruce por la superficie de trabajo. Cuando hable por teléfono intente tener la espalda recta para que se abra la vía entre el Cielo y la Tierra y fluya libremente la energía comunicativa. Apoyar el teléfono en el hombro hace que se doble el cuello y la espalda, acelerando el cansancio y bloqueando el chi.

Si utiliza un teléfono inalámbrico, quite la base de su mesa y coloque en teléfono allí sólo cuando es necesario recargarlo. De esta manera puede tener el teléfono siempre a mano según sus necesidades. Los teléfonos móviles que tienen el transmisor y el receptor incorporados en una pieza única le colocan en una situación de alto riesgo de excesiva radiación electromagnética, cuyo efecto sobre el sistema nervioso central está conectado con las enfermedades inmunológicas. Si está acostumbrado a utilizar un teléfono móvil, hágalo con el máximo cuidado y utilícelo sólo cuando es estrictamente necesario.

Limpiar el ambiente a diario

En un ambiente de trabajo, el cansancio suele producirse por un exceso de iones positivos, creado principalmente por los aparatos electrónicos y la falta de oxígeno. Además de los muchos aparatos modernos destinados a equilibrar las vibraciones del campo electromagnético y proteger a los trabajadores, otro modo de aumentar los iones negativos en un ambiente es limpiar todos los días la superficie de trabajo con agua. Hágalo cada vez que vacíe la papelera para asegurarse un ambiente de trabajo limpio y sano.

Prestar atención a la relación entre su oficina y el bagua y equilibrar su lugar de trabajo producirá increíbles efectos sobre la creatividad y el éxito laboral. Después puede relajarse y disfrutar del viaje. ¡Los milagros ocurren!

15. Conexiones infinitas

El feng shui en el cuerpo

Cuando analizamos el cuerpo humano podemos ver otra manifestación del bagua y los trigramas del *I Ching*. Como sabe muy bien un buen fisonomista, «la cara nunca miente» y es allí donde el bagua se manifiesta con mayor claridad.

Como el hombre no es independiente de su ambiente, la cara y la casa están muy relacionadas. La puerta principal de la cara es la boca; esto significa que ocupa la posición del Agua. La casa del Fuego, simbolizada por la energía de la Iluminación, se sitúa en la zona del la glándula pineal, también conocida como el tercer ojo. El resto de las casas son ahora fáciles de situar. El bagua adquiere un nuevo significado como expresión de la vida.

Cuando personalizamos el bagua para observar la cara pueden incluirse muchos otros símbolos de los ocho trigramas. Por ejemplo, una zona oscura alrededor de la cara, que indica el estancamiento del Agua, revela problemas en El Viaje, nuestro camino en la vida. Los granos en el área del Trueno o del Lago son símbolo de desorden, y estará presente en nuestra casa y nuestra vida en las mismas áreas. Para el ojo experimentado, la cara refleja tanto el destino de una persona si la analizamos a través del feng shui como un buen plano o una fotografía de una casa.

Todo el cuerpo humano es un reflejo del bagua. Los problemas que aparezcan en cualquier área se verán también en la vivienda, en el lugar de trabajo y en la vida. Un estudio en profundidad de la medicina tradicional china y de los trigramas como símbolos del cuerpo mostrará las inevitables conexiones que tenemos con nuestro ambiente.

Diferencias entre el hombre y la mujer

De alguna forma, el género determina el destino. Como resultado de nuestras características biológicas, un hombre nunca dará a luz un hijo, ni una mujer producirá esperma para plantarlo en el vientre de otra mujer. Los Opuestos Universales del Cielo y la Tierra, llamados *yang* y *yin*, simbolizan la energía del Hombre y la Mujer. El trigrama del Cielo está formado por tres líneas continuas (todas yang); el trigrama de la Tierra está formado por tres líneas discontinuas (todas yin).

La forma de nuestra casa es la marca genética de nuestro género. Como quiera que nos vistamos o tengamos la orientación sexual que tengamos, detrás siempre hay una distinción biológica que existe incluso antes de nacer. Podemos añadir lilas y lazos a una casa que tiene un poderosa carga de yang, pero la estructura tendrá siempre esta energía predominante.

Cuando en un casa o en una oficina faltan del bagua bien la casa primaria del yang (Cielo) o la del yin (Tierra), creando por ello un espacio negativo, al género que le corresponda esa falta le será muy difícil sentirse cómodo durante largos períodos. Por supuesto, este efecto varía según los individuos, porque algunos hombres han desarrollado más que otros su naturaleza receptiva femenina, y algunas mujeres han desarrollado más su energía creativa masculina.

Sin embargo estos símbolos conllevan otras cargas además de los simples rasgos de personalidad. La Carta del Destino que aparece a continuación incluye energías presentes en el bagua y su relación con los trigramas. Los antagonistas complementarios son los siguientes:

La carta del destino

Yang	*Yin*
Material	**Espiritual**
El yo	**El otro**
Lo físico	**Lo emocional**
El intelecto	**La intuición**

Una casa en la que existe una proyección en el área del Cielo o de la Tierra, o en uno de los dos trigramas directamente opuestos a este par complementario, Viento y Montaña, producirán energías excesivas de yang o yin respectivamente. Cuando además la forma de la casa parezca tener una carga de espacio negativo, entonces faltarán las energías relacionadas de yin o yang, según aparecen en la Carta del Destino.

Debe tenerse sumo cuidado cuando se analicen casas u oficinas de formas extremadamente desequilibradas o poco comunes. Aunque el efecto de un espacio negativo pueda reducirse, nunca puede eliminarse por completo.

En la ilustración de la página siguiente (arriba), las casas del Viento y el Cielo son proyecciones y acentúan las fuerzas del yang relacionadas con ellas. En general los hombres que ocupen este espacio serán felices mientras que las mujeres se sentirán muy incómodas. Es muy probable que tanto unos como otras se centren en lo material y desarrollen el intelecto y el yo. Paradójicamente, las personas que vivan en esta casa tendrán mucho éxito y se convertirán en personas generosas con más naturalidad, siguiendo al carga de la energía del Cielo.

En la ilustración de abajo, la Tierra y la Montaña se consideran proyecciones, aumentando la energía del *yin*. Las mujeres se sentirán mejor en esta casa, mientras que la mayoría de los hombres se sentirán incómodos si pasan aquí períodos lar-

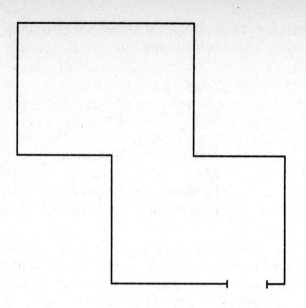

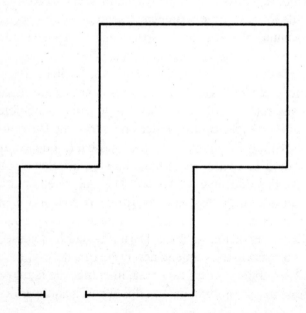

gos. Es muy probable que los ocupantes de esta casa sean conscientes de su intuición y sus emociones y tengan mayor inclinación hacia El otro, siendo menos capaces de acumular riqueza o posesiones materiales que los ocupantes de la casa anterior. Esta casa favorece la sabiduría a través de la experiencia vital, que conlleva más dificultades materiales pero mayor madurez espiritual y emocional.

Tu cuerpo es un templo

La Biblia

La arquitectura del Cielo y la Tierra es perfecta en una casa que es importante considerar: nuestra casa biológica, el cuerpo humano. Nuestra verdadera naturaleza como espíritus de energía vive dentro de una forma perfectamente ordenada y armónica. Cuando se nutre adecuadamente, se limpia de basura y se cuida, el cuerpo humano se cura a sí mismo mediante las leyes naturales, los mismos principios que rigen el ambiente exterior. Estos principios son las leyes básicas de una forma de vida que conocemos como macrobiótica.

La macrobiótica

La mayoría de la gente cree que la macrobiótica es una dieta que incorpora arroz integral, verdura y otros alimentos en proporciones concretas. La mayoría de los que saben poco sobre esta doctrina creen que es una dieta restrictiva, insípida e incluso peligrosa que practica gente extremista sin ningún tipo de apoyo por parte de la ciencia moderna.

Considere la posibilidad de que todo lo que cree saber sobre la macrobiótica es sólo una mezcolanza de rumores. Imagine que acaba de abrir una caja que contiene 237 piezas de trece puzzles distintos de 100 piezas cada uno. La mayor parte de cada puzzle estará incompleta y sólo tendrá una ligera idea de la imagen de cada puzzle.

La macrobiótica no es una dieta sino una forma de vida basada en los principios del *cambio* y la *elección*. Si introducimos gradualmente en nuestra vida ciertos alimentos simples, algunos ejercicios y ciertas prácticas, empezaremos a ver la armonía y el orden que siempre han estado presentes. Para ser conscientes de ese orden, es necesario no dejar de hacer nada a menos que así lo decidamos nosotros mismos. De todas formas, años de experiencia de millones de personas han probado que el consumo de alimentos naturales e integrales permite ejercer un papel más directo en el control de la propia vida.

No hay ningún alimento prohibido excepto el que te prohíbe tu cuerpo

Lima Ohsawa, *Macrobiotic Cuisine*

Los cereales integrales, como por ejemplo el arroz, el maíz, la avena, el trigo y la cebada y todos los productos integrales, como el pan, los bollos, las galletas, la pasta y las tartas, han sido alimentos muy importantes para la mayoría de las culturas a lo largo de los siglos.

En la antigua Grecia, la palabra *macrobiótica* se utilizaba para nombrar el arte de conseguir salud y longevidad mediante una vida en armonía con el ambiente. En la actualidad, el filósofo japonés Georges Ohsawa ha recuperado este término para designar un modo de vida saludable, reflejando la forma en la que una persona sana entiende la vida: «macro» significa «grande» y «bios» significa «vida». Más concretamente, con la dieta adecuada podemos tener una vida maravillosa, llena de aventura, libertad y creatividad. Ohsawa pasó gran parte de su vida difundiendo la filosofía macrobiótica y la reforma de la alimentación por todo el mundo. Desde su muerte en los años sesenta, varios de sus amigos y discípulos, ahora respetados profesores, han continuado su trabajo.

La macrobiótica tiene en cuenta la evolución de la humanidad, nuestra relación con el medio ambiente y nuestros deseos individuales. La buena alimentación no es sólo una forma de prevención destinada a mantener la salud y evitar la enfermedad; también se utiliza como terapia para aquellos que ya están enfermos y quieren seguir métodos naturales de curación.

Los principios de la alimentación macrobiótica son practicados por muchas culturas tradicionales; pero la base filosófica de la macrobiótica, el estudio del cambio, los principios de la relatividad del yin y el yang, está en la raíz de todas las filosofías, culturas, artes y medicina del Extremo Oriente.

El principio unificador

Si observamos todos los días nuestra actividad y nuestro pensamiento podemos ver con facilidad que todo está en movimiento, o lo que es lo mismo, todo cambia. Los electrones giran alrededor del núcleo central del átomo; la Tierra rota sobre su eje mientras gira alrededor del sol; el sistema solar da vueltas alrededor de la galaxia; y las galaxias se separan unas de otras a gran velocidad. En todo ello se observa claramente un *patrón*. La noche sigue al día; después del invierno llega el verano y después de nuevo el invierno; durante el día estamos activos y durante la noche descansamos.

Desde este punto de vista básico podemos clasificar todos los fenómenos en una de estas dos categorías: yin o yang. Ambos son términos relativos; no hay nada en el mundo que sea exclusivamente yin o yang. Todos los fenómenos incluyen a ambos en cierto grado.

El yin y el yang están siempre cambiando el uno en el otro en un ciclo continuo, reflejado en el cambio de día a noche, de invierno a verano, de inspiración a espiración. La contracción o yang produce calor, que al final termina convirtiéndose en expansión o yin; la expansión produce frío, que a su vez produce contracción. Como consecuencia de este principio, la vegetación que crece en un clima norteño con más yin, es decir más frío, suele ser más pequeña, mientras que la de un clima con más yang, o más caluroso, suele ser más abundante.

Dieta y salud

En la actualidad se ha perdido mucho la apreciación de la importancia que tiene una alimentación adecuada para mantener la salud. En las sociedades más primitivas era muy importante y se utilizaba como base de la medicina. La alimentación es la fuente principal de nuestra existencia. En el reino vegetal se combinan todas las fuerzas vitales básicas de forma que puedan ser utilizadas por el organismo humano. Las plantas absorben la luz del sol, la tierra, el agua y el aire. Comerlas es como ingerir todo nuestro ambiente.

El aspecto dietético de la macrobiótica no consiste en obligar a una alimentación específica. Todos somos diferentes y vivimos en ambientes diferentes, con necesidades distintas y trabajos distintos. Por lo tanto la dieta varía en cada persona.

Hoy en día cientos de personas de todo el mundo utilizan los principios macrobióticos para elegir y preparar su comida diaria y recuperar la salud y la felicidad. Hay cientos de centros en todo el mundo dedicados a educar a la gente en estos principios.

Clasificación

Para seguir una alimentación adecuada es esencial clasificar los alimentos en categorías de yin o yang. Los distintos factores de crecimiento y estructura de los alimentos indican si en esa comida predomina el yin o el yang. Como todos los alimentos poseen ambas cualidades, al clasificar las comidas debemos considerar siempre el elemento dominante.

La energía del yin produce:	*La energía del yang produce:*
Crecimiento en climas cálidos	**Crecimiento en climas fríos**
Alimentos con mucha agua	**Alimentos secos**
Frutos y hojas	**Tallos, raíces y semillas**
Crecimiento encima del suelo	**Crecimiento por debajo del suelo**
Alimentos picantes y aromáticos	**Alimentos salados y amargos**

228

Uno de los métodos más exactos de clasificación es el del ciclo de crecimiento de las plantas que se comen. Durante el invierno el clima es frío (yin); en esta época del año la energía del crecimiento se concentra en las raíces. Las hojas se secan y mueren, la savia desciende a las raíces y la vitalidad de la planta se condensa. Las plantas que se cultivan y comen en otoño e invierno son más secas y sus cualidades están más concentradas. Suelen poder almacenarse durante mucho tiempo sin que se estropeen. Algunos ejemplos de estas plantas son la zanahoria, la chirivía, el nabo o la cebolla.

Durante la primavera y el verano, cuando el clima se vuelve más cálido (yang), la energía de las plantas asciende y aparecen nuevas hojas. Estas plantas tienen más cualidades del yin. Las verduras de verano tienen mayor cantidad de agua y se estropean más rápido. Tienen el efecto refrescante que se necesita en los meses cálidos. En la última parte del verano la energía de crecimiento ha llegado a su punto álgido y los frutos maduran. Estos frutos son generalmente dulces y acuosos y se desarrollan por encima del suelo.

Este ciclo anual puede aplicarse a la parte del mundo donde se cultivan estos alimentos. Los alimentos que proceden de climas tropicales, donde la vegetación es abundante y exuberante, tienen más yin, mientras que los que proceden de climas más fríos tienen más yang.

Podemos clasificar los alimentos que crecen en la misma época del año observando sus patrones de crecimiento. Las raíces están regidas por la energía del yang, que tiende a descender. El tallo y las hojas están regidos por la energía del yin. Estas energías se reflejan claramente en la dirección de crecimiento.

La importancia de los cereales
Durante décadas el hombre ha visto en los cereales la fuente primaria de alimento, el latido de la humanidad. Esto se ob-

serva sobre todo en las grandes civilizaciones del mundo. No se debe pasar por alto la importancia que han tenido los cereales en la evolución de la civilización. Recientemente el consumo de cereales integrales ha caído mucho y se ha reemplazado por comidas de origen animal, tales como productos lácteos, carne e hidratos de carbono refinados, como el azúcar y la harina blanca. Hoy en día todos reconocen que este cambio en la alimentación ha llevado al desarrollo de muchos de los problemas de salud que hoy sufre la civilización de la tecnología.

Los cereales son especialmente importantes en la alimentación: aúnan el principio y el fin del ciclo vegetal, combinando semilla y fruto. Por esta razón y porque combinan perfectamente con otras verduras y frutas para proporcionar una dieta rica en fibra, los cereales forman el grupo alimenticio más importante en el sistema macrobiótico.

Preparación

La cocina macrobiótica es única. Los ingredientes son muy simples y su preparación es la clave para que la comida resulte nutritiva, sabrosa y atractiva. El cocinero tiene la capacidad de cambiar la calidad del alimento. Cuanto más se cocine –mediante la utilización de la presión, la sal, el calor y el tiempo– más se concentrará la energía del alimento. Una cocción rápida y poca sal preserva las cualidades de la comida. Un buen cocinero controla la salud de aquellos para quienes cocina variando los estilos de preparación de los alimentos.

Masticar es un aspecto importante de la dieta macrobiótica. También puede considerarse como un modo de preparar la comida. La comida debe comerse despacio y con agradecimiento. Una de los mejores formas de expresar esta gratitud es masticar bien para que el alimento pueda ser digerido bien y el cuerpo pueda utilizarlo con eficacia.

La forma de vida macrobiótica

La macrobiótica es en realidad el sentido común aplicado a la alimentación. La dieta es el factor más importante en la aparición de enfermedades degenerativas. A la luz de la incidencia que tienen las enfermedades degenerativas y la falta de salud general del mundo de hoy, el sistema macrobiótico es una alternativa muy sensata a la comida actual, demasiado procesada y falta de vida. Es necesario volver a la dieta que ingerían nuestros antepasados si la humanidad quiere recuperar su salud y vitalidad.

La macrobiótica es simplemente el feng shui *interno. No existe nada más poderoso para transformar la vida que seguir una dieta y un modo de vida basado en los principios macrobióticos.* La clave para la práctica del feng shui intuitivo es equilibrar el bagua interior a través de la comida diaria. Ahí reside la *verdadera* libertad.

Bibliografía

Feng shui, geomancia, arquitectura, diseño, puzzles y modelismo

Alexander, Christopher, *La estructura del medio ambiente.* Tusquets, 1980.
—, *A Timeless Way of Bulding.* New York: Oxford University Press, 1987.
Atienza, Juan G., *En busca de Gaia,* Robinbook, 1990.
Chang, Amos Ih Tiao, *Tao of Architecture.* Princeton University Press, 1956.
Davies, Paul, *The Cosmic Blueprint.* Simon & Schuster, 1988.
Dodge, Ellin, *La clave está en su número.* Robinbook, 1992.
Eitel, Ernest J., *Feng Shui: The Science of Sacred Landscape in Old China.* Synergic Press. 1984.
Gallagher, Winnifred, *Power of Place: How Our Surroundings Shape Our Thoughts, Emotions & Actions.* Simon & Schuster. 1993.
Groves, Derham, *Feng Shui and Western Building Ceremonies.* Tynron Press, 1991.
Lawlor, Robert, *Geometría sagrada.* Debate, 1994.
Linn, Denise, *Hogar sano.* Robinbook, 1996.
Lip, Evelyn, *Feng Shui: A Layman´s Guide to Chinese Geomancy.* Heian International, 1987.

Makinson, Randell L., *Greene & Greene, Architecture as a Fine Art.* Peregrine Smith Books, 1977.

Mitchell, John, *The Earth Spirit: Its Ways, Shrines and Mysteries.* Thames and Hudson, 1989.

Moine, Michel y Degaudenzi, Jean-Louis, *Manual de experimentos geobiológicos.* Robinbook, 1994.

Morgan, Jim, *The Wonders of Magic Squares.* Vintage, 1982.

O´Brien, Joanne, *The Elements of Feng Shui.* Element Books Limited Longmead, 1991.

Olivastro, Dominic, *Ancient Puzzles.* Bantam Books, 1993.

Pearson, David, *The Natural House Book.* Simon & Schuster, 1989.

Pennick, Nigel, *The Ancient Science of Geomancy.* Thames and Hudson, 1979.

Purce, Jill, *The Mystic Spiral: Journey of the Soul.* Thames and Hudson, 1990.

Rossbach, Sara, *Feng Shui.* E. P. Dutton, 1983.

Schimmel, Annemarie, *The Mystery of Numbers.* Oxford, 1993.

Sharp, Dennis, *Diccionario de arquitectos. CEAC, 1993.*

Skinner, Stephen, *The Living Earth Manual of Feng Shui.* Arkana, 1989.

Swartwout, Glen, *Electromagnetic Pollution Solutions.* Aerai Publishing, 1991.

Walters, Derek, *Feng Shui: The Chinese Art of Designing a Harmonious Environment.* Simon & Schuster, 1988.

I Ching, astrología y adivinación

Ambelain, Robert, *El auténtico I Ching.* Robinbook, 1992.

Anthony, Carol, *Guide to the I Ching.* Anthony Publishing Company, 1988.

—, *The Philosophy of the I Ching.* Anthony Publishing Company, 1981.

Aubier, Catherine, *El gran libro de las artes adivinatorias.* Robinbook, 1992.

Blofeld, John, *I Ching: El libro del cambio*. Edaf, 1982.

Chung-Yuan, Chang, *Creativity and Taoism: A Study of Chinese philosophy, Art and Poetry*. Harper & Row, 1970.

Cleary, Thomas, *La esencia del Zen*. Kairos, 1992.

—, *I Ching: El libro del cambio*. Edaf, 1993.

Dukes, Shifu Terence, *Cinese Hand Analysis*. Samuel Weiser, 1994.

Hazel, Peter, *Ancient Chinese I Ching: Consulting the Coins*. Pelanduk Publications, 1990.

Hoefler, Angelika, *I Ching: New Systems, Methods & Revelations*. WI, 1988.

Kushi, Michio, *Nine Star Ki: Introducing Oriental Astrology*. One Peaceful World Press, 1992.

Lau, Theodora, *The Handbook of Chinese Horoscopes*. Harper & Row, 1980.

Lingerman, Hal A., *The Book of Numerology*. Samuel Weiser, 1994.

Lorusso, Julia y Glick, Joel, *Piedras que curan: uso curativo de gemas y minerales*. Edaf, 1983.

Mann, A. T., *Las profecías del milenio*. Martínez Roca, 1994.

Ou-i, Chih-hsu, *The Buddhist I Ching*. Shambhala, 1987.

Palmer, Martin, *T'ung Shu: The Ancient Chinese Almanac*. Rider and Company, 1986.

Post, James Nathan, *64 Keys: An Introductory Guide to the I Ching*. Cottonwood Press, 1978.

Shcutskii, Iulian K., *Researches on the I Ching*. Routledge & Kegan Paul, 1980.

Sherrill, W. A. y W. K. Chu, *An Anthology of I Ching*. Arkana, 1989.

—, *Astrology of I Ching*. Samuel Weiser. 1976.

Shimano, Jimmei, *Oriental Fortune Telling,* Charles E. Tuttle, 1956.

Silbey, Uma, *El poder curativo de los cristales*. Robinbook, 1996.

Sorrell, Roderic y Amy Max Sorrell, *The I Ching Made Easy*. HarperSanFrancisco, 1994.

Waley, Arthur, *Three Ways of Thoughth in Ancient China*. Stanford University Press, 1956.

Whincup, Greg, *Rediscovering the I Ching*. Aquarian Press, 1987.

Wilhelm, Hellmut, *Change: Eight Lectures on the I Ching*. Pantheon Books, 1960.

Wing, R. L. *The Illustrated I Ching*. Aquarian, 1987.

Yoshikawa, Takashi, *The Ki*. St. Martin´s Press, 1986.

Yu-Lan, Fung, *A Short History of Chinese Philosophy*. MacMillan Company, 1950.

Macrobiótica y sistemas curativos

Aihara, Herman, *Basic Macrobiotics*. Japan Publications, 1985.

Bates, William H., *El método Bates para mejorar la visión sin gafas*. Paidós Ibérica, 1994.

Colbin Anne Marie, *El poder curativo de los alimentos*. Robinbook, 1993.

Dossey, Larry, *Tiempo, espacio y medicina*. Kairos, 1992.

Heidenry, Carolyn, *An Introduction to Macrobiotics*. Avery, 1987.

—, *Making the Transition to a Macrobiotic Diet*. Avery, 1984.

Kaplan, Robert-Michael, *Vea mejor sin gafas*. Robinbook, 1996.

Kushi, Mishio, *Do-in: ejercicios para el desarrollo físico y espiritual*. Ibis, 1994.

—, *El libro de la macrobiótica*. Edaf, 1987.

—, *Macrobiotic Way: The Complete Macrobiotic Diet and Exercise Book*. Avery Publishing Group, 1985.

Northrup, Christiane, *Women´s Bodies, Women´s Wisdom*. Bantam Books, 1994.

Ohsawa, Georges, *Cancer and the Philosophy of the Far East*. Georges Ohsawa Macrobiotic Foundation, 1981.

—, *Philosophy of Oriental Medicine: Key to Your Personal Judging Ability*. Georges Ohsawa Macrobiotic Foundation, 1991.

Turner, Kristina, *The Self Healing Cookbook.* Earthtones Press, 1989.

Veith, Ilza, *The Yellow Emperor´s Classic of Internal Medicine.* University of California Press, 1972.

Inspiración y conciencia

Boorstin, Daniel J., *Los descubridores.* RBA Ediciones, 1994.

Capra Fritjof, *Pertenecer al universo.* Edaf, 1994.

Castaneda, Carlos, *El arte de ensoñar. Seix Barral,* 1995.

—, *Una realidad aparte.* FCE, 1991.

Hayward, Jeremy, *Perceiving Ordinary Magic.* Shambhala, 1984.

Jahn, Robert G. y Dunne J., Brenda. *Margins of Reality: The Role of Consciousness in the Physical World.* Harcourt, Brace, Jovanovich, 1987.

Lao-tzu, *El libro del Tao.* Alfaguara, 1994.

Moyne, John y Coleman, Barks, *Open Secret: Versions of Rumi.* Threshold Books, 1984.

Rinpoche, Sogyal, *The Tibetan Book of Living and Dying.* HarperSanFrancisco, 1992.

Rumi, Jeláluddin, *Like This.* Maypop, 1990.

—, *The Ruins of the Heart.* Threshold Books, 1981.

Sagan, Carl, *Los dragones del edén,* RBA Ediciones, 1993.

Senge, Peter, *La quinta disciplina,* Granica, 1993.

Trungpa, Chögyam, *Shambhala: la senda sagrada del guerrero.* Kairos, 1987.

Índice

Caso. Agua. Animales. Objetos de arte. Objetos sólidos y pesados. Ejercicio sensoriales.

NEW AGE

Ejercicios físicos y espirituales para alcanzar el máximo crecimiento personal a través de los chakras.

Anodea Judith y Selene Vega

GUIA PRACTICA DE LOS CHAKRAS

Ejercicios físicos y espirituales para alcanzar el máximo crecimiento personal a través de los chakras

ROBIN BOOK

NEW AGE

Un libro sumamente práctico que nos ofrece gran número de ejercicios físicos, técnicas de respiración, meditaciones, visualizaciones, ejercicios de autoexploración y autoconocimiento para equilibrar y restaurar el funcionamiento correcto de los chakras y para descubrir cómo se manifiesta en todos los aspectos de nuestra vida cotidiana.

- Cómo aliviar algunos trastornos físicos, como el estreñimiento, la anorexia o las afecciones de garganta.
- De qué manera puede alcanzarse una sexualidad más plena e íntimamente relacionada con la emotividad.
- Cómo lograr un desarollo armónico de las energías ascendentes y descendentes para alcanzar la plenitud funcional.

Ilustrado
ISBN: 84-7927-119-1

Este libro contiene una serie de mensajes que fueron revelados por la Virgen María a Annie Kirkwood, una mujer de Texas para que los transmitiera a la gente común. El mensaje de María es iluminador y nos predice sucesos que ya han empezado a transformar el mundo. La Virgen nos explica como vivir más plenamente conscientes de nuestra existencia y objetivos terrenales y cómo prepararnos para reencontrar el mundo espiritual tras la muerte física utilizando la tradición religiosa que nos resulte más cercana ya sea la cristiana, la budista, la hindú ú otra. Se trata de una obra que resultará extraordinariamente atractiva para todo aquel interesado en temas de ecología, nueva era, reencarnación y crecimiento espiritual.

ISBN: 84-7927-132-9

Annie Kirkwood

El Mensaje de la Virgen al Mundo

NUEVA LUZ

ROBIN BOOK

Predicciones y mensajes para un mundo mejor.
La esperanza en una nueva vida espiritual basada en el amor.

NUEVA LUZ

HORIZONTES DEL ESPIRITU

El apasionante misterio de los diferentes cultos religiosos: judaísmo, cristianismo, islamismo, hinduismo y budismo.

El fenómeno religioso, aunque es universal y común a todo tipo de sociedades, manifiesta características diferentes y en algunos casos radicalmente opuestas. Esta obra proporciona una panorámica de los rasgos más relevantes de todas las grandes religiones del mundo. Este libro nos permitirá:

● Analizar y comprender la Cábala y la tradición esotérica judaica.
● Establecer paralelismos entre el cristianismo y otras confesiones religiosas.
● Entender e interpretar correctamente el Corán y la Sunna.
● Determinar las nociones claves del hinduismo.

ISBN: 84-7927-137 X

La energía Kundalini es como la chispa cósmica que se encuentra latente en cada uno de nosotros, el nexo de unión entre el cuerpo y el espíritu, la base sobre la que se erigen todas las formas de Yoga. Los principiantes hallarán en este manual una completa introducción al Yoga Kundalini. A los ya iniciados se les ofrece una nueva visión de los efectos físicos y espirituales del Yoga.

● Una descripción exhaustiva de los diez sistemas orgánicos principales.
● La manera de vigorizar los puntos débiles mediante ejercicios especiales.
● La relación entre los cambios de humor y el destino.
● La importancia del control de la respiración y de los sentidos.

Ilustrado
ISBN: 84-7927-140-X

El Yoga energético para la salud física, espiritual y emocional.

ALTERNATIVAS

CREA TU PROPIO PROGRAMA

Con 64 cartas

El sistema más práctico y personalizado para practicar el yoga.

Tim Clark - Loretta McArthur

CREA
TU PROPIO PROGRAMA
LAS CARTAS DE
YOGA

Con 64 cartas

Una original introducción al
Yoga que le permitirá
desarrollar fácil y rápidamente
un programa de ejercicios y
posturas que se ajuste a sus
necesidades

ROBIN BOOK

Por fin una introducción al yoga que es
asequible para todo el mundo. *Las cartas de
Yoga* te permitirá, no sólo la práctica diaria y
personalizada de los ejercicios, sino también
un manejo sencillo y rápido. Podrás colocar
tus fichas en cualquier rincón de tu casa o de
tu oficina e, incluso, llevarlas contigo en tus
desplazamientos y así de una simple ojeada,
podrás reproducir las posturas que presentamos
de forma gráfica y sintética.

- Cómo disfrutar de un excelente tono
  muscular.
- Ejercicios de relajación para luchar
  eficazmente contra el cansancio y el estrés.
- Ejercicios para aliviar el dolor de espalda y
  relajar la tensión del cuello y los hombros.

Ilustrado
ISBN: 84-7927-184-1

Existe una energía creativa en el universo,
que cualquier persona puede aprender a
percibir y usar con fines curativos.
Este completo manual de curación es un libro
eminentemente práctico, en el que se
describen diversas técnicas e instrucciones
para percibir y utilizar las energías curativas.
* Cómo curar a distancia o a personas
  ausentes.
* Cómo utilizar cristales, imanes, piedras y
  colores en las curaciones.
* Cómo cargarse de energía y convertirse en
  un medio de canalización para pasar la
  energía a otras personas.
* La curación de vidas pasadas y el efecto de
  las relaciones de las vidas pasadas en las
  vidas presentes.

ISBN: 84-7927-012-8

Gerald W. Loe

EL DON DE
SANAR

Aprenda a utilizar
sus propias energías curativas

¡Tome este libro!
Está cargado de energía

ROBIN BOOK

NEW AGE

**Energías que curan.
El don de curar está en sus
manos. Desarrolle sus propias
energías curativas.**

NEW AGE

VIDA POSITIVA
Serie de bolsillo

Los secretos de las técnicas orientales del amor.

Este libro nos permite conocer la auténtica aportación de Oriente a las técnicas sexuales. Es una excepcional guía práctica que divulga técnicas y métodos para desarrollar nuestra sexualidad tanto a nivel individual como de pareja para conseguir alcanzar la máxima intimidad emocional y el éxtasis sensual.

- Masajes y ejercicios para alcanzar el máximo bienestar sexual.
- Cómo aprender a reconocer y estimular las reacciones del cuerpo de tu pareja.
- Cómo preparar las más deliciosas y efectivas recetas afrodisíacas.

ISBN: 84-7927-130-2

La primera obra que aborda con claridad y de forma completa los secretos íntimos del amor y el sexo en todo el mundo. Presenta al lector occidental interesado en el tema cientos de métodos que han demostrado su eficacia, entre los que se incluyen técnicas tántricas y taoístas de sexualidad sagrada.

- Cómo controlar nuestra nueva vida amorosa por medio de ejercicios sexuales antiguos y modernos.
- Cómo descubrir nuevas metas de goce erótico mediante una sexualidad sana.
- Cómo intensificar y ampliar el orgasmo hacia una experiencia de éxtasis.

Ilustrado

ISBN: 84-7927-051-9

NEW AGE

VIDA POSITIVA
Serie de bolsillo

Descubra y aproveche la energía que fluye en su interior para alcanzar el máximo bienestar físico y mental.

Una obra que a través de numerosos y variados ejercicios le descubre el poder de la energía y los innumerables beneficios que puede aportar a su vida cotidiana. Descubrirá qué son los chakras, en qué consiste la curación mediante los sonidos o los colores, así como la influencia profunda del aura sobre la conducta humana. Con la ayuda de esta obra podrá:

- Descubrirse a si mismo y encauzar sus facultades creativas.
- Alcanzar un estado de relajación profundo y duradero.
- Desarrollar todo su potencial utilizando la meditación, las visualizaciones y la respiración.

ISBN: 84-7927-112-4

El optimismo puesto en acción para conquistar el éxito y la salud.
No hay límites para lo que uno puede conseguir si programa su mente de manera adecuada. Este libro expone una serie de ideas y ejercicios prácticos que nos ayudarán a eliminar los obstáculos y a conquistar el control de nuestro propio futuro mediante:

- la elaboración de un programa adaptado a la personalidad de cada individuo,
- la superación del estrés en la vida doméstica y de trabajo,
- la toma de contacto con los sentimientos interiores y la eliminación de los pensamientos negativos.

Un método práctico para disfrutar de la vida.

DINÁMICA MENTAL

DINÁMICA MENTAL

Enriquezca su vida mediante el dominio de las técnicas del pensamiento positivo.

René Sidelsky

EL PODER CREADOR DE LA MENTE

Enriquezca su vida mediante el dominio de las técnicas del pensamiento positivo

ROBINBOOK

DINÁMICA MENTAL

Una guía auténticamente práctica y vivida de pensamiento positivo, que nos presenta punto por punto los métodos para conseguir el dominio del pensamiento y enriquecer nuestra vida en todos los sentidos.

Con numerosas técnicas precisas, sencillas, fáciles de aplicar y extraordinariamente eficaces (verbales, escritas, de visualización, a través del Yoga, del rebirth...) para alcanzar la autorrealización y la máxima expansión personal y aprovechamiento del potencial intelectual y físico.

* Cómo evitar dejarnos llevar por estados emocionales negativos.
* Cómo establecer el nexo entre nuestro consciente y nuestro inconsciente, para conseguir el dominio de nuestros pensamientos.

ISBN: 84-7927-016-0

El libro más completo que jamás se ha escrito sobre los chakras.
Una extraordinaria síntesis de las antiguas tradiciones y filosofías de Oriente y de las más modernas investigaciones científicas de Occidente.
Este libro es un manual para reconocer y tomar posesión de los mecanismos interiores energéticos que operan en nuestra vida, permitiéndole dominar los engranajes internos que rigen nuestra existencia.

● Sexualidad: Cómo equilibrar la sexualidad y facilitar la comunicación.
● Relaciones: Cómo analizar las pautas chákricas propias y las de su pareja.
● Sanación: Los chakras ofrecen a los profesionales de la salud un sistema dinámico para trabajar con sus pacientes.

Ilustrado
ISBN: 84-7927-074-8

Bestseller mundial

Anodea Judith

LOS CHAKRAS
Las ruedas de la energía vital
La guía práctica más completa para aprender a aprovechar nuestro sistema energético interior

VISHUDDHA

ANAHATA

MANIPURA

SWADHISTHANA

MULADHARA

ROBIN BOOK

NEW AGE

La guía práctica más completa para aprender a aprovechar nuestro sistema energético interior.